经济学专业论文写作指导

蒋庚华 ◎ 主编

任力军 李苗 李志伟 石涛 ◎ 副主编

清华大学出版社
北京

内 容 简 介

本书以如何进行经济学研究作为起点，以指导撰写一篇合格的经济学学术论文和毕业论文为目的，具体介绍经济学专业论文撰写中的各个主要组成部分的写作要求。全书共分为 5 章，包括：经济学研究概述、经济学论文的结构、文献和文献综述、经济学论文写作过程中的细节、计量经济学软件简介。随着移动互联网和人工智能的兴起，在本书中，加入了对于如何使用基于移动互联网的学术资源和利用人工智能为撰写学术论文提供帮助的探讨。书中包含了大量的案例和思考题，以供读者借鉴。

本书可以作为经济学各专业的本科生学习经济学研究方法或论文写作规范的教材，也可以作为经济学各专业硕士研究生、博士研究生从事经济学研究的入门参考教材。

本书封面贴有清华大学出版社防伪标签，无标签者不得销售。

版权所有，侵权必究。举报：010-62782989，beiqinquan@tup.tsinghua.edu.cn。

图书在版编目（CIP）数据

经济学专业论文写作指导 / 蒋庚华主编. -- 北京 ：清华大学出版社, 2025.6.
ISBN 978-7-302-69255-3

Ⅰ. F011；H152.2

中国国家版本馆 CIP 数据核字第 2025LG8132 号

责任编辑：付潭蛟
封面设计：胡梅玲
责任校对：王荣静
责任印制：丛怀宇

出版发行：清华大学出版社
网　　址：https://www.tup.com.cn，https://www.wqxuetang.com
地　　址：北京清华大学学研大厦 A 座　　　　邮　编：100084
社 总 机：010-83470000　　　　　　　　　　邮　购：010-62786544
投稿与读者服务：010-62776969，c-service@tup.tsinghua.edu.cn
质 量 反 馈：010-62772015，zhiliang@tup.tsinghua.edu.cn
课 件 下 载：https://www.tup.com.cn，010-83470332

印 装 者：北京鑫海金澳胶印有限公司
经　　销：全国新华书店
开　　本：170mm×240mm　　　印 张：10.5　　　字　数：208 千字
版　　次：2025 年 7 月第 1 版　　　　　　　　印　次：2025 年 7 月第 1 次印刷
定　　价：49.00 元

产品编号：107439-01

序

　　本书的写作目的在于指导经济学各专业本科生从事科学研究，具体包括指导学生如何开始从事经济学研究、如何选题、如何撰写开题报告、如何撰写合格的经济学学术论文和毕业论文，为经济学各专业本科生打开科研之门，为其日后从事经济学研究工作打下基础。

　　本书以如何进行经济学研究为起点，以如何撰写一篇合格的经济学学术论文和毕业论文为根本目的，具体介绍了经济学研究过程与论文撰写时，各主要组成部分的写作要求。全书共五章。

　　第一章，经济学研究概述。主要介绍经济学的基本研究范式和研究结构，具体包括什么是经济学研究、经济学研究包含的种类、经济学研究的基本方法、如何进行经济学研究的选题等。

　　第二章，经济学论文的结构。基于经济学论文的写作规范，重点介绍经济学论文各部分的写作要领，并详细介绍了如何撰写经济学论文的开题报告。

　　第三章，文献和文献综述。主要介绍如何获取经济学文献、经济学文献的阅读方法，以及如何撰写文献综述。

　　第四章，经济学论文写作过程中的细节。主要介绍经济学论文中图表和数据的处理、概念框架的形成、论文的写作和修改、论文投稿等问题，简要分析了人工智能在经济学论文写作中的作用及相关注意事项。

　　第五章，计量经济学软件简介。简要介绍计量经济学的软件，以备读者查阅。

　　本书写作分工如下：石涛负责第一章的编写，任力军负责第二章的编写，李苗负责第三章的编写，李志伟负责第四章的编写，蒋庚华负责全书结构的设计和第五章的编写，最后由蒋庚华和石涛负责全书的修改和统稿工作。

　　本书的特色：第一，书中包含了编者在经济学研究中的大量经验或感悟，这些内容中，部分具有参考价值，但是由于"难登大雅之堂"而没能被现有关于经济学研究方法的教材、专著收录。第二，现有关于经济学研究方法的教材、专著，较少涉及对互联网特别是移动互联网上相关学术资源的使用问题的介绍。在本书中，编者在第三章"文献和文献综述"部分，加入了对于如何使用基于移动互联网的学术资源（如微信公众号、微信朋友圈）等来搜索文献的探讨，并对文献搜索相关方法的科学性等问题进行了研究。第三，书中包含了大量案例，这些案例均来自国内公开发表的学术论文和编者申报的国家社科基金项目、教育部人文社科基金规划项目、博士后面上资助项目申报书，以供读者参考。第四，鉴于人工智能技术在经济学研究和经济学论文写作过程中的作用日益显著，本书对于人工智能对经济学研究和经济学论文写作的作用及需要注意的问题进行了简要的分析。

  本书的写作始于主编在南开大学理论经济学博士后流动站从事博士后研究期间，听盛斌教授为南开大学经济学院博士研究生主讲的应用经济学研究方法论这门课。2014 年进入山西大学工作后，主编主要为国际经济与贸易专业本科生、理论经济学各专业硕士研究生讲授应用经济学研究方法的相关内容。在这一过程中，以盛斌教授的讲义为基础，通过查阅国内外学者关于经济学研究方法的著作，以及学术公众号发布的相关内容，逐步整理出针对经济学各专业的本科和研究生讲授应用经济学研究方法的 PPT，经过近 10 年对 PPT 的不断修改和完善，最终由山西大学国际经济与贸易专业 2019 级本科王泽莹、高睿、赵琳、张婧怡 4 名同学将授课音频整理成文字，并在文字的基础上，由蒋庚华、任力军、李苗、李志伟、石涛 5 位老师分别编写书中各章节的内容。

  在本书的编写过程中，首先，感谢南开大学盛斌教授，本书的基本框架和主要内容来源于盛斌教授当年给南开大学经济学院博士研究生讲授应用经济学研究方法论的 PPT 和讲义。其次，感谢南开大学毛其淋教授、李磊教授，东北财经大学蓝天副教授，江苏省社会科学院黎峰研究员，天津财经大学王岚教授等各位同人。在与他们的交流过程中，编者对于经济学研究方法有了更加清晰、深刻的认识，也学到了很多经济学研究方法中"只可意会、不可言传"的经验。

  作为一本探讨性质的本科生经济学研究方法和毕业论文写作方面的教材，本书仍有一定的不足和疏漏，恳请广大读者批评、指正。

虽然书中的大量案例均是基于国际贸易领域的相关理论和文献，但本书仍可以作为经济学各专业本科生学习经济学研究方法或毕业论文写作规范的教材，也可以作为经济学各专业硕士研究生、博士研究生从事经济学研究的入门参考教材。

本书是 2022 年山西省高等学校教学改革创新项目（一般性项目）——"山西省属地方高校经济学第二课堂课程体系建设研究（J20220040）"的最终成果。

最后，由衷地感谢清华大学出版社的付潭蛟编辑对本书进行的专业校对工作。

前　言

经济学专业论文写作指导，在某些高校的课程体系中，也叫经济学研究方法。与其说是经济学研究方法，不如说是"如何撰写一篇合格的经济学学术论文"。在学习之前，首先送给大家三句话。

1. Learning by doing not doing by learning（学中干不如干中学）

经济学中有一个术语叫作"干中学"，就是说，要在工作中不断学习，通过学习，总结经验，提高工作的熟练程度，从而提高生产效率。做科研、写论文同样如此，要在写论文的过程中不断学习，总结经验，而不是指望先学习、后工作，一次性把所有理论、方法都学会再去做科研、写论文。因此，我们要"干中学"，而不是"学中干"。做科研、写论文，无论老师讲多少，都不如自己动手从选题到搜集文献、阅读文献，再到撰写论文、修改论文、论文投稿，从头到尾完成一遍得到的知识和经验多。讲解经济学论文写作方法的目的在于让大家摸准方向，少走弯路，而不是一劳永逸地学习所有关于论文写作的相关知识。

2. Follow（模仿）

模仿即跟着别人的方式去做。任何人在学习任何新事物时，包括论文写作，第一件需要做的事情就是照猫画虎，这样可以让我们少走许多弯路。因此，对刚刚进入科研领域的本科生或研究生而言，首先要做的就是模仿。模仿是学习的第一步，也是创新的开始。别人怎么写，你就怎么写；别人的论文结构是怎样的，你的论文结构就是怎样的；别人用了哪些方法，你就去学那些方法；别人使用哪些软件，你就去学那些软件。这样至少可以保证我们第一次所写的东西在方向、结构方法上大致是正确的。只有经过模仿这一阶段，初步掌握了学术论文写作的基本思路、基本结构、基础方法，同学们才有可能在接下来的科研过程中，逐步实现创新。

3. Get your hands dirty（实践）

"把你的手弄脏"，这句话出自山东大学陈强教授的《高级计量经济学及

Stata 应用》（第二版）。实践出经验，实践出真知。只有在实践中，才能提高自己的能力。要想学会如何从事科研和撰写合格的学术论文，光靠学习，不去实践，是不可能成功的。必须经过不断的练习、写作，在实践中不断总结经验，我们才有可能学会如何从事科研工作，如何撰写学术论文，否则，单纯依靠上课听讲和看学术论文，可能永远也无法真正学会如何从事科研工作。

综合上面三句话，要在进行科研、学习撰写学术论文的过程中，加强实践，在实践中总结经验，提高自己的科研能力。老师的指导、课堂上的讲授，对于提高科研能力只能起到辅助作用，更多的还是要靠自己的努力。科研过程充满着不确定性，往往要忍受孤独感、无力感、挫败感，只有真正热爱科研，把科研作为今后安身立命的手段，将其视为自己一生的追求，才能真正做好科研、写好论文。

目 录

第一章　经济学研究概述 ··· 1
- 第一节　什么是经济学研究 ·· 1
- 第二节　经济学理论研究 ·· 11
- 第三节　经济学实证研究 ·· 17
- 第四节　经济学对策研究 ·· 22
- 第五节　经济学的研究工具 ·· 25
- 第六节　经济学论文的选题原则和选题方式 ···························· 26
- 第七节　本章小结 ·· 32
- 思考题 ·· 33
- 即测即练 ·· 33

第二章　经济学论文的结构 ··· 34
- 第一节　论文前置部分的写作方法 ···································· 35
- 第二节　论文正文的写作方法 ·· 37
- 第三节　论文结尾的写作方法 ·· 60
- 第四节　案例分析类毕业论文的写作方法 ······························ 62
- 第五节　开题报告 ·· 64
- 第六节　本章小结 ·· 73
- 思考题 ·· 73
- 即测即练 ·· 73

第三章　文献和文献综述 ··· 74
- 第一节　文献的搜集和阅读 ·· 74

第二节 文献综述的写作 ································ 86
第三节 参考文献的标注 ································ 91
第四节 本章小结 ······································ 95
思考题 ·· 95
即测即练 ·· 96

第四章 经济学论文写作过程中的细节 ···················· 97

第一节 论文中的图表和注释 ···························· 97
第二节 论文中的数据 ································· 101
第三节 概念框架 ····································· 107
第四节 论文写作和修改 ······························· 112
第五节 论文投稿 ····································· 115
第六节 双重视角类型论文写作要点 ····················· 117
第七节 人工智能与经济学论文写作 ····················· 118
第八节 本章小结 ····································· 122
思考题 ··· 123
即测即练 ··· 123

第五章 计量经济学软件简介 ··························· 124

第一节 SPSS 简介 ··································· 125
第二节 Eviews 简介 ································· 127
第三节 SAS 简介 ···································· 129
第四节 Stata 简介 ·································· 131
第五节 MATLAB 简介 ································· 133
第六节 R 简介 ······································ 136
第七节 Python 简介 ································· 138
第八节 可计算一般均衡分析模型（CGE） ················ 141
第九节 局部均衡 SMART 模型 ························· 144
第十节 本章小结 ···································· 145

思考题 ·· 145
即测即练 ··· 145

参考文献 ··· 146

附录 ··· 149

附录 A　参考文献及其著录标准、范围及示例 ················· 149
附录 B　参与全球价值链对生产要素报酬差距的影响
　　　　——文献综述框架 ·· 152

第一章

经济学研究概述

本章首先介绍了什么是经济学研究，随后具体分析了什么是经济学理论研究、经济学实证研究、经济学政策研究，以及在经济学研究中主要使用的工具。本章的目的是让读者对经济学的研究思路、研究方法、研究工具有一个初步的认识，为接下来从事经济学研究打下基础。

第一节 什么是经济学研究

关于经济学研究的概念，我们需要从以下几个方面进行分析。首先要弄清楚什么是研究，其次要知道经济学研究什么，最后还要知道经济学研究的基本方法。

一、什么是研究

《韦氏大学辞典》第 8 版（1973 年）将"研究"定义为"认真地调查或考察，特别是针对事实的发现和解释所进行的调查或实验；根据新的事实对已接受的理论或法则进行修正，或将这些新的、已修正过的理论或法则运用于实践"。

坎思里奇（D. Ethridge）在《应用经济学研究方法论》中指出："研究工作是一种活动，这种活动扩展了我们对周围世界的理解。要使认识具有可靠性，研究必须谨慎而有计划地进行。信息的可靠性基于它的有效性和适用性，而非信息所产生的结果，信息产生的程序与过程常常影响着信息的有效性和适用性。并不是数据（事实）决定我们的认识是否可靠，数据（事实）可以有多种不同的解释。仅有分析工具或技术并不能使我们的认识具有可靠性，因为它们本身不会做任何事，除非我们指定它做什么。同样，仅有理论也不能使认识具有可靠性，我们的理论是对仅仅与我们精心筛选的、环境相关的条件的一种演绎抽象。"

南开大学何永江教授认为，所谓学术研究或者科学研究，就是利用科学方法将想法、预感、问题甚至假设转换成科学知识的过程，通常包括选题、聚焦研究问题、研究设计、收集资料、分析资料、解释资料和结果报告七个步骤。邦格（Mario Bunge）认为，科学研究的程序包括：提出表达清晰的问题；设计可检验的假说；导出假说的逻辑结论并加以批判地考察；根据结论制定检验假说的技术方案，检验技术方案本身的可靠性；进行实验并依据令人满意的相互协调的诸多理论来解释实验结果；评价假说的真理性和实验技术装置的精确性；最后讨论所获得的解决方案，确定该方案的适用范围和它支持（削弱）我们以往知识的程度，以及由此产生的新问题。

研究是主动寻求根本性原因与更高可靠性依据，进而为提高事业或功利的可靠性和稳健性而做的工作，是人对事物真相、性质、规律等进行的无穷尽的积极探索，由不知变为知，由知少变为知多。简单地说，研究就是一个认真提出问题，并以系统的方法寻找问题答案的过程。

在上述研究定义的基础上，相关学者对研究的分类及其内涵与特点进行了总结，如表1-1所示。

表1-1 研究的分类及其内涵与特点

研 究 分 类	内涵与特点
基础研究	试图在一个专业或领域研究或建立基本事实和关系，不太强调在现实世界中政策和管理问题的应用
应用研究	为获得解决某个特定问题的信息所进行的特定研究，强调对现实问题的研究
专业基础研究	研究专业内的理论、基本关系，以及分析的程序和技术
专题研究	基于一批决策者感兴趣的实际问题的研究，倾向于遵守一个专业内的专题界限，本质上属于多学科研究
对策研究	为特定决策者解决特定问题的研究，常常是对决策或行动提出对策建议
分析研究	试图确定所研究的问题的原因，即为什么是那样的或者如何是那样的
描述研究	试图确定、描述或识别所研究的问题是什么，常常是综合而不是分析

资料来源：文传浩，程莉，张桂君，等. 经济学研究方法论——理论与实务[M]. 重庆：重庆大学出版社，2015.

基于上述对于研究的定义，坎思里奇在《应用经济学研究方法论》中阐述，研究不是以下三种工作。

第一，偶然发现。在现实生活中偶然发现的现象，一方面，由于它可能只是个别现象，无法代表整体；另一方面，这种偶然发现没有经过系统的论证，所得到的结论也不十分准确。因此，这种偶然发现，虽然可能是研究的开端，但并不能称为研究。

第二，数据搜集。数据搜集是研究的一个组成部分，但数据本身不会构成"可靠知识"，数据是形成知识的中间环节，数据可能为达到另一个目标提供了手段。

第三，在图书馆查找已出版的研究成果。文献查找是经济学研究的一个重要的早期阶段，目的在于对前人的研究进行评价，研究过程常常包括综合和分析，仅仅文献查找这个过程本身不会产生新的知识，要想从前人的研究成果中产生新知识就必须对前人的研究成果进行综合。

研究是以下两种创造性的工作。

第一，寻求解释：寻求对事件、现象、关系和原因的解释。

第二，一个过程：研究是有计划、有管理的，只有在精心的组织下，研究所产生的知识才是可靠的。作为一个过程，研究常常相互影响，脱离了前人的研究成果或其他研究者和合作者的激励，研究就无法进行。研究过程也是具有创造性的，依据某种观点，我们在创造新的知识；从另一个角度来看，每一项研究活动（项目）在某些方面都具有独特性，因而要求为这种活动制订具体的计划。研究也是循环的，它常常引出更多需要研究的问题。

坎思里奇将研究分为以下几种。

基础研究。在一个学科或研究领域确定或建立基本事实和关系。

应用研究。为获得解决某个特定问题的信息所进行的特定研究。基础研究和应用研究的主要区别是，相对而言，在基础研究中，不特别强调它对"现实世界"政策和管理问题的应用，应用研究则是对那些最现实的问题进行的研究。

学科研究。为提高学科水平的研究，学科研究详细研究学科内的理论、基本关系，以及分析的程序和技术。学科研究和对策（多学科）研究是互相促进和互补的关系——学科研究为应用研究提供更多的基础，应用研究常常揭示学科研究的不足。

专题研究。专题研究是对决策者面临的感兴趣的实践问题的研究，本质上属于多学科研究。专题研究为决策者提供概念和知识，使他们能够运用这些概念和知识对其所面临的一系列问题做出决策。经济学中的专题研究通常需要将来自其他学科的专业知识与经济学学科概念相结合，以明确提出做什么以及这样做可能会带来的后果。专题研究是经济学研究的基础，这种研究体现了经济学在现实问题中的直接应用。专题研究与现实社会和公共问题直接相关，是政策应用的主要来源。

对策研究。为特定的决策者解决特定问题开展的研究。它在本质上是多学科的，比专题研究更直接地与一个特定的决策过程相联系。对策研究并不比其他类型的研究更注重现实问题，但它所提出的问题更侧重于具体的、特殊的应用。

学科研究、专题研究和对策研究的区别在于，对策研究是整体性的研究，它使用所有相关信息来解决现实的具体问题；学科研究是简化的研究，仅关注问题的学科内容，常常将其他部分简化为一组假定；而专题研究跨越学科但不集中在具体的决策问题上，因而其整体性低于对策研究。学科研究因基础知识本身长时间稳定，一般是最持久的。对策研究总体上是最不持久的，因为所探讨的问题是具体的和最不具一般性的。

技术研究。可以仅仅被刻画为试图确定、描述或识别是什么，分析研究试图确定为什么或如何变成那样的。

描述研究。描述研究的目的常常是综合而不是分析。综合或描述试图将知识或信息集合在一起，解释其可能的逻辑联系，而不是将信息拆开以研究信息为什么产生，以及怎样产生。我们常常在理解、解释和证明的过程中运用描述性分析，并以此为基础从事研究。典型做法是通过收集信息和数据，然后对所研究的问题以"讲故事"的方式将它们集合在一起，进行描述性分析。

综合上述对于研究的定义，我们认为，研究是一种系统性的工程，首先通过一系列方法，探索事物真相、性质、规律等。其中，研究过程的科学性决定了研究结果是否可靠。研究有着固定的程序和方法，但研究的主题是一种创造性的劳动。因此，可以说，研究既是一种有着固定程序的程式化的工作流程，也是一门需要创造性的艺术。

二、经济学研究什么

在整个经济学中，所研究的内容主要有以下四项。

第一，发现某种现象，分析这一现象的变化趋势。这种现象是此前的研究中所未发现的一种新现象。以我们现在使用的智能手机为例，无论是华为还是苹果，没有一个手机是只由一家生产厂商生产的。我们手机的芯片可能来自韩国，设计来源于美国，屏幕可能来自日本，在中国等国家进行加工组装后返销给生产商所在国家，进行市场营销后销往世界。以苹果手机为例，在这一过程中，中国到底在苹果手机的出口中投入了多少国内附加值？如何测算？这就是当代国际贸易理论中所提到的全球价值链（Global Value Chains，GVC）的测算问题。

基于全球价值链，同样可以进一步测算中美贸易顺差问题。同样以苹果手机为例，假设中国出口到美国的手机价值是 1 000 元，但其中有相当一部分零部件是从日本、韩国等国家进口而来的，假设有 550 元是进口的零部件，那么只有 450 元是苹果手机中的中国附加值。那么，真正中国出口到美国的苹果手机中有多少是由中国生产的？如果有一部分苹果手机又从美国返销到中国，那么，这部分返销到中国的苹果手机中的中国附加值，是否该计算成中国对美国的出口？基于上述分析，如果单纯用中国出口到美国的贸易总量去计算中国出口到美国的贸易差额的话，相当于中国是在替日本、韩国等间接出口到美国的产品买单，这会夸大中国和美国之间的贸易差额。基于上述分析，我们需要找到一个经济现象，并把这种经济现象以一种准确的方式描述出来、计算出来，即我们分析了一个经济现象。这也是经济学研究中第一个要解决的问题，即对某一现象进行准确的测算并分析其变化趋势。

第二，对因果关系的研究。研究感兴趣的变量是不是影响另一个变量的原因，二者之间是否存在因果关系，一个变量是通过什么渠道来影响另一个变量的。

因果关系，直观地说，就是自变量（X）为什么会影响到因变量（Y）。因果关系看似很简单，其实不然。经济学研究中需要对相关关系和因果关系做一个重要的区分。比如说，中国近期猪肉价格在持续上涨，这一时期如果我们发现国内消费品价格指数（CPI）也在持续上涨，那么根据相关数据，我们可以认为猪肉价格和国内消费品价格之间存在着同时上涨或者下降的关系，国内消费品价格指数和猪肉价格之间具有一定的相关关系。但是这两者之间究竟是谁影响了谁，这种因果关系却不容易被发现。同样以全球价值链来举例，我们思考一下：什么因素会影响全球价值链的发展？为什么在 20 世纪六七十年代以前，全世界出口的产品基本上是由自己国家生产的，而现在是每个国家只负责全球价值链的部分生产环节？全球价值链生产方式对于国际贸易、国际资本流动、技术进步、就业等有什么样的影响？对这些问题的研究就是对因果关系的研究，都是相当有价值的。

对因果关系的研究并没有想象中那样简单。首先，因果关系并不等于相关关系。比如，一个人去医院了，然后去世了，那么，可能这二者之间存在相关关系，但不能说这个人去世是因为去了医院。乔舒亚·安格里斯特（J. D. Angrist）曾经提到另一个因果关系的例子，即去医院是否能够提高人的寿命。如果我们单纯地将去医院和不去医院的人的平均寿命进行比较，那么，得到的结论可能是去医院非但不会提高人的寿命，相反，还会减少人的寿命①。其次，可能存在反向因果关系。比如，在国际贸易领域中有一个经典问题：到底是对外贸易促进了经济增长，还是经济增长促进了对外贸易？再次，可能存在虚假因果关系。比如，两个同时随时间变化的量，可能体现出一定的因果关系，但这种因果关系是由于忽视了时间因素而造成的。因此，对于因果关系的研究，我们要慎之又慎，才能得到准确的结论。例如，家里有一个刚出生的孩子，家门前有一棵小树，我们能够观察到孩子和树同时生长，那么，我们能认为二者之间存在因果关系吗？最后，由于在社会科学中，影响一个变量的因素众多，我们所研究的因果关系是在保持其他因素不变的前提下，某一个变量与另一个变量互为因果关系。如果其他因素保持不变这个前提发生了变化，那么，这种因果关系可能也会随之变化。这里同样举一个例子，在经济学中，我们所熟知的向右下方倾斜的需求曲线，是在保持收入、其他商品价格不变的前提下，一种商品价格的上升（下降）会导致对其需求量的下降（上升）。但如果收入、其他商品价格发生了变化，那么，这种因果关系可能也会随之变化。

第三，预测。当我们知道了哪些因素会影响到我们所关心的经济变量之后，我们就需要根据已有的信息和知识，对我们所关心的经济变量的趋势进行预测。对于预测，我们需要注意两个前提条件：第一，明确变量之间的变动趋势；第二，明确哪些因素会影响所关心的变量（因变量）的变动。只有充分掌握好这两个前提条件，才可以保证预测的准确性。但是，预测同样不是一个容易的问题。作为社会科学，我们通常是在假定其他因素不变的情况下来研究某一变量对另一变量的影响，但由于影响因素众多，而且彼此交织在一起，这就使得准确预测变得更加困难。2008年美国"次贷危机"发生后，英国女王伊丽莎

---

① 该案例参见格致出版社2021年12月出版，乔舒亚·安格里斯特和约恩-斯特芬·皮施克著，郎金焕和李井奎翻译的《基本无害的计量经济学：实证研究者指南》一书。

白二世就曾经提出一个尖锐的问题：世界上有这么多优秀的经济学家，为什么没有人能够准确预测出"次贷危机"？这里的一个主要原因就是我们对于影响某一经济变量的所有因素了解有限。因此，对于预测，我们要做到尽可能小心谨慎。

第四，对策研究。对策研究，有时也叫政策研究，是指我们通过分析，知道了某一经济变量 X 会影响到另一经济变量 Y，那么，如果我们想改变 Y，需要如何做？在进行对策研究时，首先需要考虑当前所处的环境，包括我们所拥有的条件是什么，所面临的约束是什么；接下来，就要以一个客观公正的立场，提出有针对性的对策。对策研究要求我们对于现实经济社会和所关注的问题有很深入的了解，这样才能提出真正切实可行的对策。此外，还需要知道，首先，任何对策的实施都有成本，任何对策本质上都是基于成本—收益的衡量；其次，任何对策都只解决短期问题，没有任何一项对策可以一劳永逸地解决所有问题。

对于第一类分析某种经济现象的研究，经济学一般采用描述性研究。通过使用已有的指标或采用新创造的指标，结合均值、变化率、极差、标准差等统计指标，通过横向对比（与其他事物）和纵向对比（与自身）对某一个或几个变量进行分析，主要分析变化趋势和与其他事物的差异，找出其在变化中存在的规律性的特征。对于这一类问题，还可以采用案例研究的方法进行，通过对某一个案例进行比较深入的分析，探索其中的规律，发现其中的问题。如早期对全球价值链问题的研究，部分学者就以中美之间芭比娃娃贸易作为案例进行分析研究[1]。

对于第二类分析因果关系的研究，主要采用相关性研究和因果关系研究。相关性研究主要通过相关系数等指标，分析两个变量之间是否存在相关性。相对于因果关系研究，这种相关性研究只需要简单地说明二者之间存在相关关系，并初步判别二者之间是正相关还是负相关即可。在此基础上，还要进一步对变

---

[1] 1996 年 9 月 22 日，美国《洛杉矶时报》刊登题为《芭比娃娃与世界经济》的文章。文章中指出，在美国，一个芭比娃娃的售价为 9.99 美元，从中国进口时的计价为 2 美元，其余部分为在美国国内增加的费用，如运输、广告和商家利润等，它为美国人创造了数以千计的工作。在进口的 2 美元中，中国只占 35 美分的劳务成本，其余部分为 65 美分原材料、1 美元的运输与管理费用，其中包括经营玩具生产的香港公司所获得的 10～20 美分的利润。在 65 美分的原材料中，石油产自沙特，经美国得州等地精炼后为乙烯，加工成乙烯塑料颗粒，然后制成芭比娃娃的身体；日本提供尼龙制的头发；美国生产硬纸包装盒。中国 0.35 美元的劳务所得，仅约占芭比娃娃在美国售价的 3%。

量之间的因果关系进行研究，重点分析二者之间是谁影响谁，以及一个变量是通过什么渠道来影响另一个变量的。特别需要指出的是，在某些情况下，可能会出现相关关系的系数符号和因果关系的系数符号相反的情况。出现这种情况主要是由于忽略了可能存在其他变量同时影响我们所关心的变量。因果关系研究的是在其他因素保持不变的情况下，自变量（X）对因变量（Y）的影响。

对于第三类对某一经济现象进行预测的研究，我们需要牢记，预测结果是满足一定条件下的预测结果，对于结果的解读，一定要随时根据条件的变化，对预测结果进行必要的修正。

对于第四类对策性研究，经济学主要采用文字分析的方式，给出相关的对策建议或政策启示，也可以适当利用数据论证所提出的对策建议。但是对本科生而言，由于我们所能掌握的资料数据较少，对于现实社会经济运行仍缺乏必要的了解，对策性研究往往不是本科生的研究重点。但随着对社会认识程度的不断加深，特别是进入政府咨询机构或智库工作后，这类对策性研究是经常接触到的一类经济学研究。

三、经济学研究的基本方法

在了解经济学研究的基本方法之前，我们首先需要了解经济学学科的演化路径。所谓学科，"是现代科学体系的一种表达范式，它要求将某种学问用现代科学的范式和体系进行结构化包装，把非标准化的知识、智慧、经验变成标准化的产品，以适应工业时代标准化教育和科研的需求"[①]。一般认为，学科体系的发展有两个方向，一是达尔文的生物演化路径，二是牛顿的机械物理路径。由于经济学是一门和人的行为密切联系的学科，而人是太过于复杂的物种，影响人的行为的因素又多种多样，因此，从马歇尔（A. Marshall）开始，经济学一直遵循牛顿的机械物理路径来发展，即通过将动态的市场简化成相对静态的点，再引入数学方法，计算分析市场的最优均衡；在此基础上，比较不同均衡点的差异（比较静态分析）及实现不同均衡点的时间路径（动态分析），并基于相关数据，验证分析得到的结论是否正确。

在上述演化路径之下，对于经济学的基本研究方法，总结起来可以分为两种，一种是演绎法，另一种是归纳法。

---

① 香帅. 香帅金融学讲义[M]. 北京：中信出版集团，2020.

（一）演绎法

演绎法，也叫演绎推理，是从一般性的前提出发，通过推导，即"演绎"，得出具体陈述或个别结论的过程。关于演绎推理，还存在以下几种定义。

第一种，演绎法是从一般到特殊的推理；

第二种，演绎法是前提蕴含结论的推理；

第三种，演绎法是前提和结论之间具有必然联系的推理；

第四种，演绎法是前提与结论之间具有充分条件或充分必要条件联系的必然性推理。

演绎法的逻辑形式对于理性的重要意义在于，它对人的思维保持严密性、一贯性，有着不可替代的校正作用。一般而言，演绎法会根据一系列假设条件，通过层层推理，得到最终的结论。只要假设条件和推理演绎过程无误，那么，演绎法所得到的结论就是正确的。演绎法保证推理有效的依据并不在于它的内容，而在于它的形式。演绎推理的最典型、最重要的应用，通常存在于逻辑和数学证明中。

经济学研究使用演绎法多是基于理性人假设和预算约束，推理得到个人、企业或国家如何利用有限资源实现利益最大化，或成本最小化，得出可经实证（数据）检验的假说（Hypothesis）。这里举一个微观经济学的例子。如何证明价格对需求的影响是正还是负？在中级微观经济学当中，真正的向右下方倾斜的曲线是基于理性人假设，消费者的目标是效用函数最大化，并受到预算线的约束，利用数学公式推导出来的，而不是通过现实中观察到某件商品价格和需求量之间的关系后，就直接得到的结论。现实中观察到的现象会给研究者提供一种直觉，当有了这种直觉之后，需要进一步提供科学依据和数据支持。

（二）归纳法

归纳法，也称归纳推理，是一种由个别到一般的推理。由一定程度的关于个别事物的观点过渡到范围较大的观点，由特殊、具体的事例推导出一般原理、原则的解释方法。自然界和社会中的一般都存在于个别、特殊之中，并通过个别而存在。因此，只有通过认识个别，才能认识一般。人们在解释一个较大事物时，需要从个别、特殊的事物总结概括出各种各样的带有一般性的原理或原则，然后才可能从这些原理、原则出发，再得出关于个别事物的结论。这种认识秩序贯穿于人们的解释活动中，不断从个别上升到一般，即从对个别事物的认识上升到对事物的一般规律性的认识。例如，根据各个地区、各个历史时期不同生产力下的社会生活面貌，可以得出结论，生产力发展是社会进步的动力。这正是从对于个别事物的研究得出一般性结论的推理过程，即归纳推理。显然，归纳推理是从认识、研究个别事物到总结、概括一般性规律的推断过程。在进行归纳和概括的时候，解释者不单纯运用归纳推理，同时也运用演绎法。在人们的解释思维中，归纳和演绎是互相联系、互相补充、不可分割的[①]。但是从某种意义上来讲，这种归纳法是科学精确的研究方法中的一种。

在曼昆的《经济学原理》中，研究价格对于需求量的影响时，基于现实观察所得到的经验，作者首先画了一张图，包含若干个样本的价格与需求量之间的散点，基于价格与需求量之间的关系来说明归纳法的应用。然后用这些散点拟合出一条向右下方倾斜的需求曲线。在现实中，我们使用归纳法作为获得新知识的一个重要途径。比如，我们搜集到一万个样本，发现其中一个变量 X 对另一个变量 Y 的影响为正，我们可以从中猜测得知，X 对 Y 的影响为正。但是，归纳法的缺陷在于，基于现有样本，我们所了解的 X 对 Y 的影响为正，但理论上来说这只是针对这一万个样本，我们可以认为，由于样本是随机抽取的，样本量足够大，所以，X 对 Y 的影响大概率为正。但是，如果我们将样本扩大到十万个或一百万个，这一结论是否同样成立？由于我们通常都是通过样本来估计总体，而总体是无法完全获得的，因此，我们也就无法利用归纳法得出适用于所有样本的结论，即当我们基于现有样本所得到的结论外推到总体时，是有一定局限性的。

（三）简要总结

综上所述，归纳法和演绎法的区别如下。

（1）归纳法是从认识个别的、特殊的事物推演出一般的原理和普遍的事物，能体现众多事物的根本规律，且能体现事物的共性；演绎法则由一般（或普遍）到个别，由根本规律等出发一步步递推，逻辑严谨结论可靠，且能体现事物的特性。

（2）归纳（指不完全归纳）是一种或然性的推理；演绎则是一种必然性的推理。其结论的正确性取决于前提是否正确，以及推理形式是否符合逻辑规则。

---

① 刘建明，王泰玄，等. 宣传舆论学大辞典[M]. 北京：经济日报出版社，1993.

归纳的结论超出了前提的范围，而演绎的结论则没有超出前提的范围。

归纳法和演绎法是两种不同的研究方法，具有各自的特点。归纳法不局限于前提，运用逻辑推理，是普遍适用的理论但结论更多适用于现有样本；演绎法基于假设，运用科学方法验证假设的正确与否。归纳法只对样本（数据）进行论证，演绎法根据已知理论和观察到的现实提出假设，假设就是结果的范围。当我们要研究一个问题时，一般来说，首先观察到一个现象；其次，用数据分析这一现象的变化；再次，基于一些假设条件，采用演绎法进行分析，得到一个可经实践（数据、案例）检验的假说；最后，用现实中的数据或案例，采用归纳法来证明或者证伪这一假设。如果现有数据或案例，没有推翻这一假设，那么，只能说，在现有的数据或案例下，这个假设可能是正确的。如果现有理论证伪了这个假设，也只能说在现有数据或案例下，这个理论无法得到现有数据或新出现的证据的验证，但不一定能说这个根据演绎法得到的结论（假说）是错的。因为如果现有证据扩大，那么，这一假说也可能被证实而非证伪。

第二节　经济学理论研究

一、经济学理论研究中的假设

在开始学习经济学时，很多同学都会有一个困惑，为什么每个经济学理论，都会首先有一系列的假设条件（Assumption），那么，这些假设条件是做什么的？为什么要有这些假设条件？

经济学的假设条件，就是要表明研究的环境，即所要研究的内容是在什么条件下进行的。这些假设条件可以让读者很清晰地明白，在研究中，哪些因素是不变的，哪些因素是内生变量，哪些因素是外生变量。如果假设条件发生了变化，那么，研究所得到的结论也可能会发生变化。比如，在宏观经济学中，凯恩斯主义者和新凯恩斯主义者假设在短期存在工资黏性，通过改变总需求的政策能够改变总产出。对新古典主义者而言，通常假设工资和价格不存在黏性，总产出可以迅速做出调整，那么，无论是财政政策还是货币政策，对于总产出都是无效的。

那么，什么样的假设条件才是合理的呢？对于这个问题，经济学史上曾经有过一次很重要的争论。

20世纪50年代，美国一位记者对一些企业的董事长或总经理进行了一次调查，其中的一个问题是：这些企业的董事长或总经理依靠什么进行决策？企业领导者的回答各有不同，但却没有一个人明确说是依据微观经济学中的边际收益等于边际成本（MR=MC）来进行决策。这也引发了经济学界对于经济学研究假设是否合理的讨论。美国经济学家、货币主义大师、1976年诺贝尔经济学奖得主米尔顿·弗里德曼在《实证经济学方法论》一书采用实证主义的标准，认为一个理论或其"假设"不可能是完全"现实主义"的，强调任何分析理论都不可能做到"假设的完全现实性"。如果追求完备的"现实性"，理论根本无法进行建构，也无法进行应用。基于上述分析，米尔顿·弗里德曼认为，判断一个理论模型好坏的标准，不在于一个理论的"假设"是不是"现实主义的"，而在于这些"假设"对我们已有的目标来说，能否提供更好的预测，"唯有通过考察该理论是否应验，即该理论是否取得了足够准确的预测水平来判断"。

米尔顿·弗里德曼对于假设条件的分析，其本质可以用一句话来说明：假设无关紧要，结论管用就行。比如，产业经济学和国际贸易中常用到的不变替代弹性生产函数（CES生产函数），这个函数可能并不那么符合现实，但是CES生产函数好用，根据CES生产函数所得到的结论，是经得起实证检验的。

对于米尔顿·弗里德曼的这一观点，清华大学钱颖一教授认为，假设条件不是无关紧要的，设定什么样的假设条件，关键取决于你的研究目的。如果你想研究全球农产品市场，只需要假设完全竞争市场就可以了。如果你想研究美国在全球农产品市场上的作用，那么，简单地认为世界农产品市场是完全竞争市场，就有可能得到错误的结论。这就像地图一样，如果你只是想知道地球是什么形状的，那么，你就可以忽略地球上各国（地区）的地貌，只要知道地球是圆的就可以了。可是，如果你想知道中国某一个省（自治区、直辖市）的地貌，你就需要一张更细致的地图。如果你想知道你家附近的情况，甚至需要将你家附近的街道绘制清楚。如果你想知道你家屋子的情况，那就需要把屋内家具的位置描绘清晰。但是，多大比例尺的地图是最精确的？当然是1∶1的地图。但1∶1的地图却是"大而无用"，无法解决你的实际问题。所以，在经济学研究中，用什么样的假设，就相当于你想得到一张多大比例尺的地图。因此，假设十分重要，因为假设要符合我们的研究目的，要根据研究目的，设定不同的假设条件。假设条件发生变化，经济学研究得到的结论，就可能完全不同，这一方面也是为什么经济学理论研究中有众多不同的理论的重要原因之一；另一方面也说明，在经济学建模过程中，对于研究假设的设定，往往需要一定的艺术性，需要将注意力更多地放在与研究密切相关的变量上，忽略其他变量的影响，这不仅需要有理论支撑，还需要有一定的艺术性和经验。

二、经济学中的模型

无论是自然社会还是人文社会，其结构都相当复杂，都是由成千上万个变量组成的，这些不同变量之间彼此联系，甚至互为因果。为了更好地理解世界的运行方式，各学科通过构建模型，利用模型忽略不必要的因素，重点研究重要因素之间的因果关系。因此，理论模型既是对世界的简化，用于解释世界，构建了能够以符合逻辑的方式进行思考的结构，也是研究的基础和起点。

理解经济学模型的关键，是理解经济学模型中的内生变量和外生变量是什么，以及变量之间的相互关系。

下面，根据斯科特·佩奇（Scott Page）在《模型思维》一书中对于模型的解释，具体论证模型的特征和构建方法。

（一）模型的特征

第一，所有的模型都要简化，剥离不必要的细节。所有的模型都是对现实世界的简化，都是通过去掉不必要的因素，重点关注感兴趣的重要因素之间的因果关系，因此，所有的模型都是高度简化的。这是奥卡姆剃刀原则，模型的设定过程中要尽可能简单[①]。

第二，所有模型都是形式化的。对于模型中的每一个变量，要给出精确的定义，以使读者对于模型中的所有变量都有清晰的理解。

第三，因为模型都是高度简化的，因此，在某种意义上说，所有模型都是错的，都只是在特定的条件下才成立的。如果前提假设发生了变化，模型的结论也会发生变化。

第四，由于所有模型都是高度简化的，因此，为了解释世界，需要同时考虑多个模型，克服单个模型因严格假设而导致的狭隘性。

---

① 奥卡姆剃刀原则：最早由14世纪英国逻辑学家奥卡姆提出，是指当存在多种解释或理论时，我们应该选择最简洁、最经济和最少假设的那个。这个原则认为，对于一个现象，我们只需要接受最简单、最直接的解释，因为复杂的解释可能会引入不必要的复杂性和不确定性。奥卡姆剃刀原则被广泛应用于科学、哲学、经济学和日常生活中，提醒我们不要过分复杂化问题，而是尝试寻找最简单、最直接的解决方案。

（二）经济学模型构建的方法

1. 经济学模型构建

首先要确定最重要的行为人（行动者）、实体，以及相关特征和所处的社会环境（制度特征），然后描述这些组成部分如何互动和聚合，找出最优值、变化的时间过程和最终结果进行比较。在比较过程中，往往需要采用比较静态分析法[①]或动态分析法[②]。

2. 经济学模型构建所使用的方法

第一，具身法。模型中只包括重要部分，剥离不必要的维度和属性。

第二，类比法。对现实进行类比和抽象来构建经济学模型。

第三，混搭法。将其他领域的内容应用到本领域，如保罗·克鲁格曼（Paul Krugman）将产业组织理论中的 CES 函数应用到国际贸易领域。

第四，模拟现实法。不去刻意表征、刻画现实，尽可能还原世界，多用于模拟现实，探索各种各样的可能性，发现一般性结论。

（三）经济学模型的用途

（1）推理：识别条件并推断逻辑含义，让其他人明白经济学研究中所要分析的内容及因果关系。

（2）解释：为研究经济现象之间的因果关系提供可检验的解释。

（3）设计：根据经济模型所得到的结论，选择制度、政策和规则的特征，设计可应用的解决现实经济问题的方案。

（4）沟通：将知识与理解联系起来，便于人们在辩论现实世界因果时进行沟通。

（5）行动：指导经济政策的选择和战略行动。

（6）预测：对未来和未知现象进行预测。经济预测一定是基于经济模型所得到的结论，否则，预测就是无依据的，缺乏理论基础。

（7）探索：分析探索可能性和假说，为认识现实世界提供基础。

[①] 比较静态分析法：是指改变某一参数，通过新均衡状态与原均衡状态的比较分析某项因素的变化对均衡所产生影响的方法。

[②] 动态分析法：是对经济变动的实际过程所进行的分析，其中包括分析有关变量在一定时间过程中的变动、这些经济变量在变动过程中相互影响和彼此制约的关系，以及在每个时点上变动的速率等。动态分析法一个重要特点为考虑时间因素的影响，并将经济现象的变化当作一个连续的过程来看待。

三、经济学理论研究为什么要有不同的理论

与经济学中为什么有那么多研究假设密切相关的一个问题是,为什么经济学中有那么多理论。这个特点在国际贸易理论中尤为明显。绝对优势理论、比较优势理论、要素禀赋理论、新贸易理论、异质贸易理论,不同理论都基于不同的研究假设,得出了不同的研究结论。

前文中提到了经济学中为什么要有那么多的研究假设,是需要根据不同的研究问题,提出不同的研究假设,那么,经济学中存在不同的理论的原因是什么? 2008 年诺贝尔经济学奖得主保罗·克鲁格曼曾经将不同的经济学理论比喻成地图。地图的目的是给我们指路,这就要将一些不必要的细节忽略掉,只保留最重要的部分,以满足我们的需要。经济学理论研究正如地图一样,要忽略掉一些不必要的细节,将重点集中在我们所关注的问题上。正如前面所提到的,如果我们想知道地球是不是圆的,那么,我们就需要一张世界地图。在世界地图中,你的家乡可能根本显示不出来,如果你想知道你家乡的情况,那么,你可能需要你家乡附近地区的平面图,这时,你家乡的街道、社区就需要体现在地图上。不同的地图犹如不同的理论,要为我们指明不同的方向。经济学理论也一样。由于在经济社会中,影响某一经济变量的因素众多,我们不能将所有影响某一经济变量的因素都纳入经济学模型中,只能像地图一样,将目前所关心的内容纳入经济理论中,忽略其他影响因素。比如,在国际贸易理论中,如果我们想知道具有要素禀赋差异的国家如何进行贸易,就需要要素禀赋理论(H-O 理论);如果我们想知道要素禀赋相似的国家如何进行贸易,就需要新贸易理论;如果我们想知道生产率如何影响出口,就需要异质贸易理论;如果我们想知道外商直接投资对出口的影响,就需要研究全球价值链贸易等。

不同的经济学理论,都是在假设其他因素保持不变的情况下,用于分析影响某一经济现象的某一方面。只有将不同的经济理论统一起来思考,才能对影响某一经济变量的全部因素有一个了解,对某一经济现象的发生有一个系统的认识。

四、经济学理论研究的方法

在经济学理论研究中,我们都会采用什么样的方法来论证经济理论? 一般而言,在现代经济学中,主要包括三种方法,即文字分析法、图形分析法和数

理分析法。

文字分析法。在早期的经济学理论研究中，大多是采用文字分析的方法来论证某一理论，即通过严密的文字逻辑，层层递进，辅以事实、案例来论述该经济理论。亚当·斯密在《国富论》中，基本没有使用数学知识，而是单纯依靠文字一步一步地推理，辅之以必要的事实、数据和案例来证明其所要表达的观点。在现代经济学中，如果采用文字分析法来分析相关理论，除了需要辅以事实、案例来论证自己的观点外，还需要引用大量已有文献中的观点来论证自身的观点。这种方法除需要具有较强的文字表达能力，能够熟练使用文字将所要表达的思想表达出来，不出现歧义之外，还需要具有较强的文献分析能力和组织能力，能够基于已有文献，找到证明自己观点的论据。文字分析法最大的问题在于，对于文字所传达的信息，每个读者的理解可能不一样，因此，这种方法可能无法向读者清晰地展示作者的观点，甚至还会引起误解。

图形分析法（图1-1）。主要采用的工具是逻辑框架图和流程图。通过逻辑框架图、流程图，展示变量之间的逻辑关系。在图形分析法中，虽然我们主要采用逻辑框架图、流程图等来分析变量之间的因果关系，但还是辅以文字进行说明，逻辑框架图、流程图的目的在于更加清晰地表明变量之间的因果关系和影响机制。这一方式的缺陷在于，如果变量较多，则无法全部显示在逻辑框架图和流程图之中，可能会对分析过程产生影响。

因为A ⟹ B ⟹ C，所以A ⟹ C

图1-1　图形分析法示例

注：B为A影响C的机制。

数理分析法。数理分析法，就是基于一系列的假设条件，通过严密的数学推导，得出最终的理论假说。数理分析法的优势在于：首先，由于数学自身具有严密的逻辑，最终的结论是在一系列假设条件下一步一步推导出来的，只要前提假设没有不符合研究的实际，推导过程没有错误，那么，所得到的结论就是正确的；其次，由于数学语言不存在歧义，任何读者，只要懂得数学语言，就能看懂作者要表述什么。正是因为这两点优势，现代经济学更多采用数学的方式来论证经济学理论。因此，从某种意义上来说，数学是经济学家为学习经济学设定的门槛（林毅夫，2005）。通过数学，将受过专业经济学训练的学者与没有受过经济学训练的经济学爱好者区分开来。因此，如果想将从事经济学研究作为毕生的事业，那么，学习必要的数学知识是必经之路。

需要注意的是，首先，上述三种方法的最终目的，都是得到一个理论假说或研究假说，从而加深人们对经济现象的认识，拓展经济学的知识边界。其次，所得到的理论假说或研究假说，必须满足可证伪原则。在没有经过证伪之前，他们只是假说，而不是理论。最后，上述三种方法之间并没有优劣之分，虽然现代经济学更多使用数学，但这只是因为数学在分析逻辑问题时具有先天的优势，具有逻辑上的一致性，但并不是说使用数学就一定强于不使用数学。我们虽然强调在理论分析中要多使用数学工具，但并不是说数学工具就一定是最好的，而是要将研究的关注点放在所要研究的问题上，好的经济学理论一定是基于问题导向、用于解释现实经济学中的问题的，是能够加深人们对于现实经济现象的认识的，而不是为了体现研究的高深而使用数学。因此，我们要始终牢记，文字分析、图形分析、数理分析，只是分析的方法，而不是分析的目的。

第三节　经济学实证研究

一、什么是经济学实证研究

对于实证研究，它的定义是："研究者亲自收集观察资料，为提出理论假设或检验理论假设而展开的研究。实证研究具有鲜明的直接经验特征。"实证研究是以"存在一个客观世界"的世界观为前提，它坚信有一个客观世界存在。而实证研究就是不断通过研究，去接近这个客观的世界。

实证主义所推崇的基本原则是科学结论的客观性和普遍性，强调知识必须建立在观察和实验的经验事实上，通过经验观察的数据和实验研究的手段来揭示一般结论，并且要求这种结论在同一条件下具有可证性。根据以上原则，实证研究方法可以概括为通过对研究对象大量的观察、实验和调查，获取客观材料，从个别到一般，归纳出事物的本质属性和发展规律的一种研究方法。

实证研究方法有狭义和广义之分。狭义的实证研究方法是指利用数量分析技术，分析和确定有关因素间相互作用方式和数量关系的研究方法。该方法研究的是复杂环境下事物间的相互联系方式，要求研究结论具有一定程度的广泛性。广义的实证研究方法以实践作为研究起点，认为经验是科学的基础。广义实证研究方法泛指所有经验型研究方法，如调查研究法、实地研究法、统计分析法等。该方法重视研究中的第一手资料，但并不刻意去研究普遍意义上的结论，在研究方法上是具体问题具体分析，在研究结论上只作为经验的积累[①]。

一般而言，国内对于经济学实证研究，同样有狭义和广义之分。狭义的经济学实证研究主要是指根据相关数据，采用计量经济学的相关方法，来验证经济学理论研究中所提出的理论假说。广义的经济学实证研究不仅仅指利用计量经济学的相关方法，还包括采用数据分析、模拟分析、案例分析等相关方法，对某一经济现象或者不同经济变量之间的因果关系进行分析。本书采用数据分析、计量分析、模拟分析、案例分析等分析方法进行的研究，均视为经济学实证研究。

关于经济学实证研究的目的，一是分析某一经济现象的变化趋势和特点；二是基于相关数据，验证经济学理论研究中所提出的理论假说。如果理论假说被数据所验证，说明理论暂时是正确的；如果无法验证理论假说，只能说明现有的数据不支持该理论假说。因此，从这一角度来说，对于经济学实证研究，首先要有理论研究所提出的研究假说作为基础。

二、经济学实证研究的要素

经济学实证研究的要素主要有数据、指标、方法。

（一）数据

数据是经济学实证研究的基础。没有数据，经济学实证研究就无从谈起；没有数据，就无法发现新的问题，经济学也就无从发展。因此，在经济学实证研究中，首先要想到的就是，实证分析中所使用的数据是否能够得到，从哪里来。对于数据，一些是一手数据，即通过调研、发放调查问卷、做实验所得到

---

① 资料来源：百度百科：https://baike.baidu.com/item/%E5%AE%9E%E8%AF%81%E7%A0%94%E7%A9%B6/10351840?fr=aladdin。

经济学研究方法中提到的实证研究和经济学教材中提到的实证经济学有着本质上的区别。经济学教材中提到的实证经济学，是与规范经济学相对应的，它研究的是"是什么"的问题，而规范经济学研究的则是"应该是什么"的问题。经济学研究方法中的实证研究，往往是指采用计量方法、数据分析、模拟分析等方法所进行的经济学研究。

的数据；另外一些是二手数据，如从统计年鉴中所得到的数据；还有一些是文献数据，即从他人文献中引出的数据。数据质量的高低，从某种意义来说，直接决定实证研究结果质量的高低。只有搜集到高质量的数据，才能保证实证研究结果的可靠性。

（二）指标

得到的数据往往不能直接满足我们实证研究的需要，需要对数据进行处理，生成可以使用的指标。因此，实证研究实施之前所要考虑的第二个问题是要用什么指标来描述实证研究中感兴趣的变量。一些指标可能是现有文献所涵盖的；另外一些指标则可能需要研究者依据研究目的进行创新或者对已有指标进行改进；还有一些指标需要根据研究内容自行进行构造。但对于需要自己进行构造的指标，应慎之又慎，一定要确保在现有文献中无法找到合适的指标，并且所构造的指标具有一定的合理性的情况下，方可进一步构建创新指标。

（三）方法

找到实证研究中所需要的数据和指标之后[①]，接下来要考虑的是，用什么样的方法来完成实证研究，是单纯地采用数据描述分析的方法，还是采用计量经济学的方法，抑或是模拟的方法、案例研究的方法？对于方法，没有优劣之分，并不是说计量经济学的方法一定强于数据描述分析的方法，方法的选择主要取决于所要研究的问题，不能为了方法而方法。

三、经济学实证研究的方法

经济学实证研究主要使用的方法包括数据分析法、计量分析法、模拟分析法和案例分析法。

（一）数据分析法

数据分析法，也称统计分析法，是指采用适当的统计分析方法对收集来的大量数据进行分析，将它们加以汇总和理解并消化，目的是分析一个或多个变量的变化趋势、特征，以及初步判断变量之间的相关关系。很多新的理论就是通过对数据的分析，发现新现象与已有理论相悖，进而提出新的假说，并最终

---

① 能够找到数据和指标，并不代表要在找到之后才去考虑实证研究的方法，而是要在进行实证研究之前，先统筹考虑数据从哪里来、指标用什么、方法用什么。

形成新的理论的。如国际贸易理论中的新贸易理论，就是首先对数据进行分析，基于产业内贸易指数，发现发达国家往往会同时出口和进口同一产业的产品，这与传统的比较优势理论、要素禀赋理论明显相悖，进而保罗·克鲁格曼在20世纪七八十年代提出了基于规模报酬递增的新贸易理论。

在使用数据分析法时，首先要对所要使用的数据进行清洗、选择能够满足分析之用的指标，并采用统计学中的诸如变化率（增长率）、均值、极差、标准差、最小值、最大值、中位数、众数等指标分析单个变量的变化趋势，采用相关系数、散点图、变量拟合图等分析变量之间的相关性[①]。对数据进行分析，其目的在于，一是发现数据之间的关系，往往经济学中的一些重要理论，就是基于数据分析提出的新理论；二是初步验证变量之间的关系，假设根据相关理论，两个变量之间应该呈现一种"倒U形"关系，那么，就需要根据数据之间的散点图、相关系数等，初步验证二者是否存在"倒U形"关系。在对多个变量使用数据分析法进行分析时，重点在于考察变量之间的相关性，特别是要考察变量之间是否存在多种关系，如线性关系、非线性关系等，这也可以为接下来分析变量之间的因果关系提供帮助。

（二）计量分析法

计量分析法是目前经济学实证研究中主要采用的分析方法之一。计量分析法，主要是基于相关数据采用计量经济学的相关方法分析变量之间的关系，包括变量之间是否存在因果关系，自变量对因变量影响的符号、系数大小等。计量分析法的主要作用有两个：一是准确地验证在实证研究中提出的理论假说（研究假说），这也是传统计量经济学教材所讲授的内容。但需要注意的是，如果没有理论假说（研究假说），我们就不清楚哪些变量是原因、哪些变量是结果，以及变量之间谁影响谁。计量分析法，只不过是用计量经济学的方法来验证理论假说。二是采用计量经济学的相关方法来分析因果关系。这一部分在现代计量经济学中也叫社会经济政策的计量经济学评估[②]。

在使用计量分析法时，我们需要考虑以下几个问题。第一，在研究过程中

---

① 关于数据使用和分析过程，详见本书第四章第二节中的相关内容。

② 对于社会经济政策的计量经济学评估这部分内容，目前国内外均出版了大量较为经典的教材，如本书在参考文献中列出的《精通计量：从原因到结果的探寻之旅》《基本无害的计量经济学：实证研究者指南》《因果推断实用计量方法》《基本有用的计量经济学》《社会经济政策的计量经济学评估：理论与应用》等，有兴趣的同学可以自行选择参考书进行学习。

所使用的计量方法得当吗？是否满足所要使用的计量方法的所有前提假设？考虑到遗漏变量问题了吗？考虑到可能存在的内生性问题了吗？考虑到不同样本之间可能存在的异质性问题了吗？如果样本或者指标不一样，所得到的结论是一样的吗？第二，如果使用计量分析法做政策评估，需要考虑在写作中使用的计量方法，能够真正解决因果关系吗？这一研究结果能否外推到样本之外？第三，要考虑自变量是通过什么途径影响因变量，即机制检验。第四，使用计量分析法时，既要考虑统计显著性问题，也要考虑经济显著性问题。统计显著性主要是指，在多大的概率下计量分析所得到的系数是显著的。对于统计显著性，是有一定的标准的，如10%、5%、1%显著性水平等。经济显著性是指按照现在的计量结果，如果要提高（降低）因变量，需要自变量改变多少？如果计量分析得到的系数很小，如小于0.001，那么就意味着，如果要提高（降低）因变量，需要自变量改变极大的比例。而在经济学的角度，这可能是不现实的。但对于经济显著性，由于没有一个统一的标准，因此，就更需要作者格外注意。初学者往往只注意统计显著性，而忽略了经济显著性，导致论文结果的现实意义不大。

（三）模拟分析法

模拟分析法，是现代经济学实证研究中经常使用的方法之一，主要目的在于分析一个变量的变化将导致其他变量如何变化。在国际贸易领域中，模拟分析法更多地出现在政策模拟中，如在签订自由贸易协定（FTA）前，会分析签订FTA、降低关税对经济产生什么样的影响。例如，如果关税水平下降10%，会对出口、进口、国内生产总值、就业等作者感兴趣的变量产生什么样的影响。模拟分析法可以进一步分为局部均衡分析和一般均衡分析两种。局部均衡分析只针对某一特定市场进行分析。对于一般均衡分析，同样以签订自由贸易协定所带来的关税下降为例进行说明，由于纺织品关税的变化，不单会对纺织品市场产生影响，还会对诸如农产品市场、劳动力市场、纺织设备市场等产生影响，因此，需要采用一般均衡的方法分析关税下降对各个市场带来的影响。在国际贸易领域，局部模拟分析主要采用的是SMART软件。一般均衡模拟主要是基于投入产出表，采用可计算的一般均衡分析（Computable General Equilibrium，CGE）、全球贸易分析项目（Global Trade Analysis Project，GTAP）等软件进行分析。本书第五章将会对上述模拟分析软件进行简要介绍。

（四）案例分析法

案例分析方法亦称个案分析方法或典型分析方法，是对有代表性的事物（现象）深入进行周密而仔细的研究，从而获得总体认识的一种科学分析方法。其具体分析步骤为：第一，依据分析目的，选择有代表性的事件作为分析研究对象；第二，全面收集有关被选对象的资料，包括直接资料和间接资料，在这一过程中，可以收集他人对该对象所研究的间接资料，但主要收集的是第一手资料（直接资料），尤其重视收集系统的数据资料；第三，系统地整理收集到的资料，依据分析研究的项目和内容进行分类；第四，对所要求分析的内容（如特征、属性、关系等）进行逐项分析研究；第五，对各项分析结果进行综合分析，探求反映总体的规律性认识。该方法既可被用来为某种假说作论证，又可把得到的研究成果作为进行更广泛研究的基础。

案例分析法的作用，一是可以用来验证理论假说是否正确；二是可以用来发现新的现象、问题；三是可以通过案例分析总结经验，为他人提供借鉴。

经济学领域和管理学领域的案例分析法，一般是分析个案的经验或剖析其失败的原因。由于案例分析法只是针对个案进行分析，因此，在进行案例分析时，往往要求对所要分析的案例有较为深入的了解和分析，只有这样，才能真正形成独到的观点和可供借鉴的经验。案例分析法的不足在于，由于分析的只是少数几个案例，这些案例是否具有足够的代表性，所得到的结论是否可以推广，是一个需要考虑的问题。

在国内学者所进行的案例分析中，有代表性的如费孝通所著的《江村经济》、吴晓波所著的《大败局》等。在《管理世界》杂志上，每年也会刊登部分优秀的案例分析。

第四节　经济学对策研究

在经济学研究中，还有一类研究称为对策研究。经济学的对策研究往往分为两种，一种是在经济学理论研究和实证研究之后，根据所列的结论，提出有针对性的对策建议，这类对策研究有时也称政策启示。从文章的角度来看，其重点并不在对策研究，而是理论和实证研究，对策研究只是理论和实证研究的必然结果。因此，对策研究往往较短，几百至一千字即可，重点是要根据研究结论，提出如何进一步通过改变文章中的自变量来改善所关心的变量（一般也是论文中的因变量）。这类研究往往不会过多地考虑政府所面临的约束等现实问题。另一种是单纯的对策研究，即基于相关理论通过大量的实地调研，得到研究结论，提出对策建议。这类对策研究的重点并不在于研究结论，而在于所提出的对策建议。

接下来，以何帆教授于2015年所作的"如何提高政策研究和政策建议水平"的讲座为依据，简要讲述如何做政策研究。

第一，在做政策研究之前，我们要知道，所有的政策都只解决短期问题。从经济学角度来看，任何事都有机会成本，政策也不例外。任何一项政策在解决某一类问题时，也必然会存在负面影响。因此，我们所提出的对策，没有一劳永逸的，都只是在满足一定的条件下，针对某一类问题所提出的对策。如果条件变化了，那么，我们所提出的对策也可能变成错误，也需要随之发生变化。因此，从这个意义来说，对策首先是一种权衡，是对策所带来的收益和成本之间的权衡；其次要了解政策产生效力的前提条件，如果前提条件发生了变化，政策效果也会发生变化，甚至会由促进作用变为阻碍作用。

第二，政策研究的目标是政府在"有约束条件下目标函数最大（小）化"。这就要求我们至少了解政府的目标函数是什么、约束条件是什么。对政府而言，其目标函数可能并不单纯是经济方面的，还包括政治、文化、社会等多个方面。只有通过调研，才能了解政府的目标函数，有针对性地提出对策建议。对政府的约束条件的识别，是政策研究中的关键。要找到政府的约束条件，主要约束条件包括：财政资源的约束、政策约束、干部资源约束、群众基础约束等。还要区分哪些是硬约束，哪些是软约束，比如财政资源约束，是显而易见的硬约束；干部资源约束、群众基础约束等则是软约束。在政策研究中，既要充分了解政府所面临的约束，还要区分约束的性质，往往硬约束和软约束对政府目标函数实现的影响是不一样的。

第三，决策中收益最大化和成本最小化的决策往往是不同的，效果可能也不一样。此外，对于政府特别是地方政府而言，官员存在任期限制和考核压力，往往只关心短期问题，关心最着急处理的事，而非战略问题。从政府的角度来看，制度变迁往往是由一个个短期政策累积起来的。

第四，对于政策研究，我们要知道，政府不缺政策研究报告，缺的是真正有用的政策研究报告。何帆教授认为，在提交给政府的研究报告中，相当一部分的报告有自身的利益在里面，而有利益倾向的政策研究报告，必然无法为政府提供客观、中立且有用的对策建议；少部分的报告离题千里，所提出的对策建议完全不考虑政府的目标和约束条件，甚至不做调查研究，凭借自己的主观臆想，不知所云；只有极少部分的报告既无利益倾向，又言之有物。这就要求我们在大量调研的基础上，不带偏见、言之有物地提出中肯的建议。

第五，如何能够写出不带偏见、言之有物的政策研究报告？首先要搜集足够的资料，要参与到实地调研之中，所提供的论据，一是要证据确凿，二是要仔细核实论据的出处。其次，观点要全面，要能够体现各方面、各阶层的意见，通过将不同观点进行梳理、筛选，找出不同观点的前提假设、逻辑推理、立论依据，从而为政府决策提供帮助。最后要本着对事不对人的态度，只针对某一件事进行分析，不搞人身攻击，这也是做学问的基本原则。

第六，能够提供清晰的逻辑，要在形式上训练自己的逻辑感，学会三段论的写作方法，先是在整体上构思文章，一段提出主要论点，接下来从多个角度论证论点，最后总结。每一段的第一句话是中心思想，其他内容围绕中心思想讲论据是什么、数据是什么，论据间要有逻辑关系。

第七，作为一名经济学学者，要能够设想出不同的场景（scenario），根据每种场景提出不同的解决方案，还要说明第几种场景发生的可能性比较大，给政府提供决策参考。

第八，要学会在学术语言和政府语言之间进行转换。作为一名经济学学者，往往更多关注的是学术语言，包括前提假设、理论模型、计量方法等，但这些学术语言，对于没有经过系统的经济学训练的政府工作人员而言，往往难以理解，从而导致事倍功半。因此，一是要利用自身的比较优势，知道用什么理论来解决政府所面临的问题；二是要用政府能够接受的语言，简单明了地向政府工作人员表达出自己所提的对策建议，可以将立场讲出来，但不能扮演决策者的角色；三是要用词准确，可以引经据典，也可以使用一些新语言，但这些都要做到恰到好处，切忌过犹不及。

第九，要态度端正，所写的文章要精练，不要用过激和过于肯定的判断，要留有余地。特别注意的是，最后一稿，千万注意格式问题，不能有错别字。

第五节　经济学的研究工具

在现代经济学研究中，往往需要同时使用多种研究工具。经济学的研究工具主要包括三类。

第一，在经济学理论研究中，我们所使用的第一种研究工具就是数学，甚至可以说，在现代经济学研究中，不懂数学就没有办法进行经济学研究。经济学研究主要基于有约束的目标函数最大（小）化问题进行分析，用到的是数学分析、线性代数、概率论、动态规划等相关内容。对于这部分内容，感兴趣的读者可以参考本书所列的参考教材。

第二，流程图。在经济学理论研究中，有些内容无法完全通过数学来描述，这就需要采用文字表述的方式来分析变量之间的因果关系。在采用文字表述分析变量之间的因果关系时，需要辅以流程图。通过流程图能够清晰地发现变量之间的因果关系，自变量通过什么途径影响因变量，哪些变量是机制变量，哪些变量是调节变量等。

需要特别指出的是，在通过演绎法提出研究假说的过程中，现代经济学研究往往需要同时使用数学和流程图，以使研究的结论更为直观。

第三，经济学实证研究需要使用大量计算机软件。使用这些软件的目的是提高工作效率和准确度。计算机软件只是经济学研究的手段，而不是目的，即使没有软件，我们一样可以从事经济学研究，只是效率会大打折扣。在经济学实证研究中使用的计算机软件主要包括四类。第一类是数据处理软件，其中基础的数据分析软件是 Excel，此外，大多数统计软件和计量经济学软件，也能够进行数据分析，如 SPSS、Eviews、Stata、Matlab、R、SAS、Python 等。第二类是计量软件，主要包括 Eviews、Stata、SAS 等，现在的经济学实证研究绝大多数都是由 Stata 来实现的。因此，学会计量软件，对于学习经济学、进行经济学研究，是至关重要的。第三类是模拟软件，包括局部均衡分析中使用的 SMART，一般均衡分析中使用的 CGE、GTAP 等。第四类是涉及地理问题需要使用的部分地理学科的软件，如地理信息系统（Geographic Information System 或 Geo-Information System，GIS）等。以上这些软件，除 GIS 外，在本书的第五章中均有简要介绍，包括这些软件的优点和缺点，以供读者参考。需要提醒读者的是，在现代经济学研究中，随着可获取的数据量的增加，单纯掌握一种计量经济学软件可能已经无法解决研究中所遇到的问题，这就需要多种软件配合使用，也就要求大家至少掌握2种软件的使用技能。

第六节　经济学论文的选题原则和选题方式

在本节中，我们将简要介绍经济学论文如何选题，包括经济学论文的选题原则，什么样的经济学论文选题有意义，以及经济学论文的选题方式。

一、选题原则

一般而言，经济学论文的选题原则是重要且有趣，这主要涉及三个方面：一是重要，也就是要有价值；二是有趣；三是具有可操作性。

（一）有价值

一般而言，衡量一篇经济学论文质量高低的重要因素之一就是看论文是否有价值，这里的价值既包括理论价值（或称为理论意义），也包括现实价值（也就是现实意义）。

理论意义，即所研究的问题是否有助于丰富、完善、扩展现有经济学理论，增加人类的知识存量。

现实意义，即所研究的问题是否有助于解决现实中存在的问题。

由于研究要有价值，那么研究自然就要有创新。研究的创新主要体现在以下六个方面。

一是开创一个新的研究领域。该领域是前人没有涉及的一个全新的领域。如保罗·克鲁格曼将地理学和经济学相结合，开创性地提出了基于不完全竞争的新经济地理学。

二是观点创新，是指提出了他人没提出的观点。如保罗·克鲁格曼提出了规模报酬递增导致的垄断竞争是产业内贸易产生的原因。

三是研究方法创新，即采用了他人没有采用过的方法来论证某一问题，得到了更准确的结论。在研究方法创新过程中，一个比较常用的方法是将其他学科的研究方法应用于经济学研究中，如将物理学中的 Theil 指数、生物学中的韧性等应用于经济学研究之中。

四是研究视角的创新，即从另一方面来看待某一问题。比如，20世纪国际贸易领域的理论研究，更多研究的是诸如要素禀赋等对于两国之间贸易的影响，但是梅里兹（Melitz，2003）创新性地将生产率因素引入对企业层面出口问题的研究中；又如，在研究全球价值链的问题中，已有文献研究的是本地生产要素对全球价值链的影响，韩沈超（2023）则研究了服务贸易对于全球价值链重塑的影响等。

五是数据上的创新，主要是指采用了他人没有采用的数据来论证某一问题。该数据要么是最新的，要么是自己独有的。在现阶段，如果使用自己独有的数据库，由于没有其他人使用过，数据的可信度往往会受到他人质疑，因此，数据方面创新方面需要谨慎使用。

六是政策启示的创新，即在政策层面提出一个可以解决某项现实问题的合理的对策建议。对于政策启示的创新，首先，要对所研究的问题有较为深入的了解，这种了解不能单纯地停留在对于理论和数据的分析上，要真正深入生产一线，才能发现问题的所在；其次，要对政策环境有一定的了解，了解在政策实施层面所面临的约束条件是什么，各利益方的诉求是什么。对于这种政策启示方面的创新，学生往往是很难做到的，需要有相当程度的积累才能实现。因此，作为经济学的初学者，不建议大家在写论文时将政策启示方面的创新作为重要的创新点，但可以将其作为创新的一部分在文中提出。

（二）有趣

兴趣是最好的老师。研究是一项艰苦的工作，对于所要研究的题目，首先需要找到一个让自己感兴趣的题目，只有有趣的题目，才能激起自己的好奇心，深入研究下去；其次要让别人知道这是一个有趣的研究，只有这样，才能让他人认可你的研究，你的研究才更有价值。

我们要始终牢记，在经济学研究过程中，时刻关注两个目标：重要和有趣。只有达到了这两个目标，才能说我们的研究是有意义的。因此，在研究和论文写作过程中，我们要始终问自己的是：我要研究的问题有意义吗，重要吗，有趣吗？我们需要通过什么样的方式将价值和趣味性传达给读者？有时候，单纯地回答这两个问题中的一个问题十分容易，但要同时回答这两个问题，就需要我们对所研究的问题有深入的了解。

（三）具有可操作性

有一些研究选题，虽然很有价值，也很有意思，比如，中国的"三农"问题、扶贫问题、古代经济发展问题等，无疑都具有十分重要的价值。但是，由于个人能力有限，所能获得的资源有限，单纯有价值和有趣，并不能保证研究可以顺利地进行下去。选题的第三个原则就是要具有可操作性，这个原则涵盖两个层面。

一是选题要适中，不宜过大，也不宜过小。过大的选题往往需要较长的时间，投入较多的人力、物力，这些研究对于经济学各专业的本科生、硕士研究生甚至是博士研究生而言，无论在时间上还是所能获得的资源上，都是无法保证的，因此也是没有办法继续深入研究的。比如，想研究中国各朝代的经济增长问题，由于这样的问题需要使用大量的资源，就不是一个本科生甚至一个硕士生、博士生能够完成的。与之对应的是过小的选题，由于无法获得所需要的数据，研究也会无法进行。这里同样举一个例子，比如，我们想研究某个乡的对外贸易情况，由于我们没有办法通过统计年鉴得到相关的数据，又受制于客观条件，不能进行实地调研，那么这种过于小的选题也是无法进行研究的。

二是所需要的资源是可以获得的。工欲善其事，必先利其器。经济学研究往往需要数据、软件等资源。如果有些资源无法获得，如数据需要购买、软件需要购买，或者所要使用的方法需要通过较长时间才能掌握，那么，该研究就无法进行。

二、选题方式

在进行选题之前，首先要明确两个概念：话题（topic）、问题（question）[①]。

一般而言，通常我们关心的问题，例如，"三农"问题、城乡差距问题、中国对外贸易问题等，其实并不是经济学研究中的问题，而是一些关键词或者说是话题。话题，往往是指我们所关注的领域，也是我们相对熟悉的领域，但这些领域往往更加宽泛，不宜将之作为一个研究的主题。因此，我们还需要在话题之下聚焦所要研究的问题。只有将话题聚焦为问题，才能进行相关的经济学研究。

问题更多是指我们究竟要研究什么。经济学研究所要研究的问题，往往被抽象成一个或几个"变量"，通过研究这些变量的变化或者不同变量之间的因果

[①] 本节中的内容参考了复旦大学陆铭教授的《现实·理论·证据——谈如何做研究和写论文》一文。

关系，对所要研究的问题进行分析。

那么，经济学论文应该如何进行选题？选题方式决定了论文的边际贡献，也就是论文的创新点。好的选题，一般来源于对现实生活的"有准备的观察"，往往具备较高的边际贡献。但对于大多数初学者或对现实接触不多的研究者而言，选题往往来源于其他学者的已有研究，通过阅读论文，发现其他学者在现有研究中的不足，找到自己的选题。

总的来看，选题方式主要有以下两种。

第一种选题方式是通过对现实的观察，找到所要研究的问题。这种选题方式往往需要研究者对现有理论有较为深入的理解，在现实生活中发现了现有理论无法解释的现象。这些现象也可以称为"谜"或者悖论，如国际贸易领域中的"里昂惕夫之谜"[①]"中国制造业企业出口的生产率悖论"[②]等，既然现有理论无法解释这些现象，就需要构建新的理论来解释这些现象。可以说，在经济学研究中，真正具有创新性的研究，都是因为用已有理论无法解释现实问题而产生的。这类选题往往是先发现问题，然后通过阅读文献，发现已有理论没有办法解决所发现的问题，进而提出新的理论。

第二种选题方式主要来源于对文献的阅读，通过发现现有文献解决了哪些问题，还有哪些问题是已有文献没有解决的，从而找到自己论文的创新点。比如，在国际贸易领域中，传统上解释国际贸易为什么能够发生的理论包括比较优势理论、要素禀赋理论、新贸易理论等，在对全球价值链问题的研究兴起后，我们可以使用国际贸易领域的相关理论来解决全球价值链问题，即采用已有的理论、方法和新的数据来解决新的现象，这些理论、方法都是文献中已经提到的，我们只是用来解释新的现象。这种选题方式，阅读文献是重点，往往是从论文来到论文中去，优势在于通过对文献的阅读，能够较快地找到论文在研究视角方面的创新；缺点在于由于此种选题方式是一种"从文献到文献"的选题方式，虽然有一定的创新性，但创新性较小，不易被世人所认可。

---

① 里昂惕夫之谜：如果根据要素禀赋理论，美国应该进口劳动密集型产品，出口资本密集型产品，但里昂惕夫（Leontief）基于1947年美国数据的研究表明，美国出口劳动密集型产品，进口资本密集型产品。这与要素禀赋理论完全相悖，被称为里昂惕夫之谜。

② 中国制造业企业出口的生产率悖论：根据异质贸易理论，生产率高的企业出口。但复旦大学博士生李春顶基于中国数据的研究发现：在中国，生产率低的企业出口。这被称为中国制造业企业出口的生产率悖论。

在基于文献的选题方法之下，还可以具体包括5种方法[①]。

第一种方法是顺序法。具体来说，假设 A、B、C、D、E 这 5 个因素都会影响 F 这个变量，第一篇论文研究的是 A 对 F 的影响，第二篇论文研究的是 B 对 F 的影响，现有文献并没有研究 C 对 F 的影响，但是有文献研究 C 对另一个变量 H 的影响，而 H 和 F 之间又存在一定的关系，这里，一个可能的假说就是，C 会对 F 产生影响，从而找到一个可能的选题。

第二种方法是倒序法。比如，对于我们已经选定的变量 A，一般而言，我们更习惯研究某一个变量，比如，X 对 A 的影响，在这里，X 是自变量，A 是因变量，但是，由于已有文献均是采用这种方式，导致单纯地研究 X 对 A 的影响无法体现创新性，我们就可以采用倒序法。反其道而行之，反过来研究，A 对 X 的影响。但采用这种方法时，一定要对 A 对 X 的影响机制进行详细的分析说明，要有相应的理论依据，以免产生误解。

第三种方法是跨界法。这种方法将其他专业的一些方法、指标，应用到本专业的论文选题和研究之中，往往能够起到意料之外的效果。这种方法在经济学论文写作中比比皆是。比如，测算地区经济差距的 Theil 指数，最早就是从物理学科中引入的；测算地区经济稳定性、安全性和恢复能力的经济韧性指标，也是从生态学领域引入的。这种不同学科之间的"跨界"，往往能够为研究找到新的思路，也能够比较容易地找到论文的创新点。

第四种方法是增加变量法。假设有三个变量 X、Y 和 Z，当你基于文献发现已有文献主要研究的是 X 对 Y 的影响时，你可以考虑：X 通过什么途径去影响 Y？是否有论文没有考虑的因素 Z，即 X、Z 同时对 Y 产生影响，并且 X 还通过 Z 对 Y 产生影响？如果这一假设成立，且尚没有文献对这一问题进行研究，那么，就可以以 "X、Z 对 Y 的影响" 为题目进行研究。

第五种方法是缩小创新法。现有研究往往针对某一较大的问题进行研究，但没有对这一较大问题下面的一些较小的问题做更为深入的研究，这些较小的问题，就可以作为论文的选题和创新点。这既可以是对于现有研究的补充和深化，也可以是对一个新的现象的研究。比如，针对全球价值链问题的研究往往计算的是出口中的国内附加值和国外附加值，较少有论文关注全球价值链中服

[①] 以上 5 种方法均来自作者在实践中的经验总结，仅为读者在选题时提供灵感和参考，并不代表教科书中的标准选题方法。

务业增加值问题，这就可以作为一个选题，做进一步的研究。

综上所述，基于文献的选题方法相对于通过对现实的观察找到所要研究的问题而言，首先需要阅读大量文献，在阅读文献的过程中发现研究的空白和可能的创新点。对于本科生、硕士研究生和部分博士研究生而言，由于其理论知识相对薄弱，对现实的观察能力有待提高，这种通过阅读文献寻找选题的方式往往更适合初学者用于论文写作，如图1-2所示。

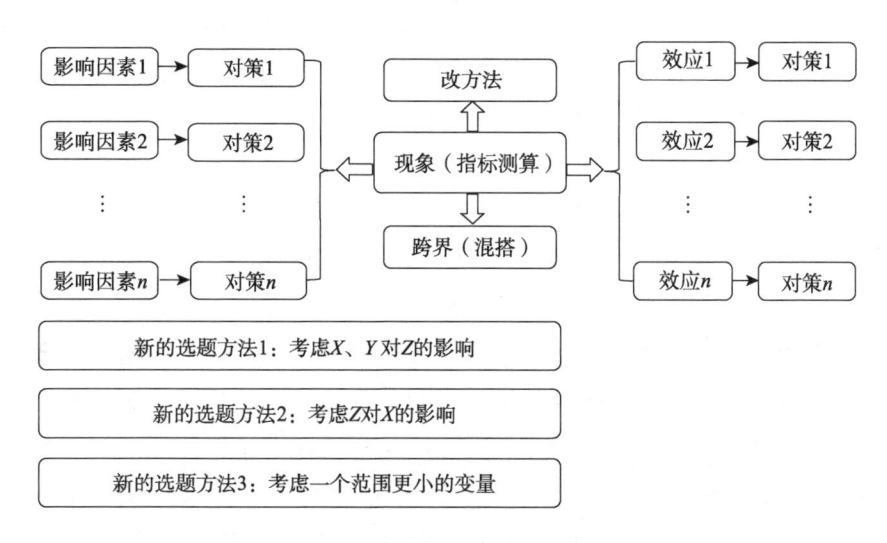

图 1-2 基于文献的经济学论文选题方式
资料来源：作者自制。

最后，需要说明的是，在关注题目的可行性之外，更多需要关注的是创新性，毕竟好的题目使论文成功一半，但创新要遵守学术规范，要基于已有文献，不能随意创新。一般情况下，本科阶段的论文一般不需要有创新点，硕士毕业论文一般要有1~2个创新点，博士毕业论文要有3个左右的创新点。因此，在写论文时，一定要在原有的文献基础之上找到自己的创新点，而不可以信手拈来。

专栏1-1

如何通过阅读文献寻找选题灵感

如何通过阅读文献来寻找选题灵感？本文提出一种简便的选题方法。

第一步，基于自己的专业，找到一个自己喜欢的研究方向。比如国际经济与贸易专业，在这个专业之下，研究方向可以是全球价值链贸易。

第二步，通过查阅文献，在该研究方向找到一个研究的指标。比如，在全球价值链贸易之下，找到全球价值链参与率作为研究指标，在这一步，我们既需要熟悉该指标的测算方法，也需要能够找到测算该指标的数据来源。

第三步，针对这个研究指标，通过阅读相关文献，找到该指标的影响因素。在这一过程中需要发现那些可能影响所研究指标的因素。比如，通过阅读论文，发现很少有学者研究数字网络对全球价值链参与率的影响，那么，我们就可以暂时将"数字网络对全球价值链参与率的影响"作为选题之一。

第四步，进一步思考以下问题：你所要研究的问题的理论意义和现实意义是什么？两个变量之间的因果是怎样的？如何能够找到相关数据？对于变量如何测算？研究这一问题需要哪些工具？如果能够比较合理地解决上述问题，那么，你选择的题目就可以作为论文题目来进行研究。又由于没有人对于你所感兴趣的两个变量之间的关系进行研究，那么，这也可以成为你的研究创新点之一。在大多数情况下，你确定的候选选题，要么往往已被其他学者所研究，要么由于各种原因无法研究。在这种情况下，不必气馁，只需要继续阅读文献寻找新的选题。选题的灵感一定是建立在阅读文献基础之上的，套用古人"读书百遍，其义自见"的话，就是"阅读文献千篇，选题信手拈来"。

第七节 本章小结

本章主要对经济学研究、经济学理论研究、经济学实证研究和经济学对策研究进行了简要说明，在此基础上简要介绍了经济学研究所使用的工具和经济学研究的选题原则和选题方式，目的是让读者对经济学的研究思路、研究方法、研究工具有初步的认识，为接下来从事经济学研究打下基础。但需要重点说明的是，经济学理论研究、经济学实证研究和经济学对策研究，只是在研究的侧重点上有所差异，并不是说经济学理论研究一定强于经济学实证研究。归根结底，一项经济学研究的关键是研究的问题，研究的问题决定了文章的意义和创新性，而不是进行了哪类经济学研究。

思考题

1. 归纳法和演绎法的区别是什么？
2. 经济学理论研究中为什么要有假设？
3. 如何判断经济学理论研究中的假设是否合理？
4. 经济学模型的作用是什么？
5. 为什么说所有模型都是错的？
6. 为什么要掌握多种经济学模型？
7. 经济学理论研究主要包括哪些方法？
8. 什么是经济学实证研究？
9. 经济学实证研究中的要素包括哪些？
10. 经济学实证研究包括哪些方法？
11. 如何写出一篇合格的政策研究报告？
12. 经济学研究要掌握哪些软件？
13. 软件对经济学研究的作用是什么？
14. 结合自身经历，想出一个可以进行经济学研究的问题，并尝试采用理论研究、实证研究的方法，对所要研究的问题进行分析。

即测即练

自学自测　扫描此码

第二章

经济学论文的结构

总的来说，一篇完整的经济学论文内容可以分为题目、摘要、关键词、引言、文献综述、研究假说、基本经验事实、研究设计、计量结果及分析、研究结论和政策启示、参考文献、附录、致谢等部分。其中，题目、摘要和关键词，可称为论文的前置部分；引言、文献综述、研究假说、基本经验事实、研究设计、计量结果及分析、研究结论和政策启示等可称为论文的正文部分；参考文献、附录、致谢可称为论文的结尾部分。虽然有些内容不是必需的，但绝大多数经济学论文，特别是实证经济学论文，均包含了上述内容中的绝大部分或全部。之所以规定经济学论文的结构，一方面，对作者而言，现行的经济学论文写作结构是能够较为全面地体现研究内容的最适合的论文结构，可以让作者在写作过程中有规矩可依，而且在这一结构下作者所得到的研究结论是最可信的；另一方面，从读者的角度来看，读者能够依据论文结构快速找到所需要阅读的内容，节省读者的时间。因此，本章将重点介绍每一部分内容的写作要求。当然，经济学论文结构也仅仅是一个框架，服务于论文的研究主题和研究内容。在实际写作过程中，作者完全可以依据论文研究主题和研究内容，适当增减论文的各部分内容，使之成为以研究主题为核心、与研究内容浑然一体的经济学论文。

此外，在撰写经济学学位论文时，开题报告环节作为学位论文写作的前奏，也是学位论文的重要组成部分。因此，本章在介绍经济学论文各部分的主要内容后，将对开题报告写作做简要介绍。

第一节　论文前置部分的写作方法

一般而言，读者在看一篇论文时，往往最先看的是论文的题目和摘要，只有对题目和摘要感兴趣，读者才有继续往下看的意愿。因此，一篇论文能否吸引读者，在很大程度上取决于题目和摘要的质量；一篇经济学论文有多大的创新，往往可以从题目中窥探一二。关键词是否与论文贴合，往往直接决定了读者能否根据论文的关键词快速地搜索到你的论文，也是决定论文曝光率的一个重要因素。因此，作为一名论文写作的初学者，我们可以将重点放到正文的写作上，关注用哪些更先进的、可以"炫技"的方法。但若是经济学家或资深经济学科研工作者，则要将三分之一以上的精力用在论文题目和摘要的写作上，因为这些才是论文的"脸面"。

一、论文题目的写作方法

题目是论文最核心的内容，要能够直接点明论文所要研究的问题，一般不超过 25 个字，可以采用破折号或冒号的形式加入副标题。副标题的作用是对题目做出必要的解释说明。在论文写作过程中，为了吸引读者的注意力，可以将题目以疑问句的形式展现出来。作为毕业论文，不建议以疑问句来展现论文的题目，只需将自己所做的核心工作在题目中表现出来即可。

专栏2-1

论文题目举例

① 全球价值链数字化对中国制造业企业国际分工地位的影响
② 低碳建设能否助力中国城市全球价值链攀升——地位和位置的双重考察
③ 服务业开放如何提升制造业全球价值链嵌入位置：基于跨国面板数据的实证考察
④ 全球价值链嵌入与技能工资差距——基于中国城镇住户调查数据的研究
⑤ 创新驱动政策能否提升企业全球价值链韧性？

简要评论：在上述 5 篇论文题目中，我们能够通过题目直接了解到作者所研究的问题。第 1 篇论文的题目简单明了；第 2 篇、第 3 篇和第 4 篇论文题目作者分别使用了破折号和冒号引出副标题，副标题的作用是解释题目，主要用于说明所使用的数据、研究的视角等。第 5 篇论文题目作者为了增强论文的可读性，采取了疑问式的标题。

二、论文摘要的写作方法

摘要是对论文核心工作的总结，主要作用是让读者初步了解作者在论文中做了哪些工作，为什么要做这些工作，做这些工作得出了什么样的结论，以对论文有一个初步的认识。

对于期刊论文或本科毕业论文，摘要的字数需要控制在 300 字左右，最多不超过 500 字。基本写法是：第一句，简要说明论文的研究意义。从第二句开始，主要说明用什么方法研究了什么问题，得出了什么样的结论。在摘要的最后，可以用概括性的一句话说明本文研究在政策方面的作用，以呼应第一句提到的论文的研究意义。

硕士毕业论文或者博士毕业论文在撰写摘要时，需要将字数控制在 1000～1200 字，首先需要简要说明论文的研究意义；其次说明论文采用的方法、研究的问题，得到的主要结论；最后还需要说明论文的边际贡献。在此基础上，还有部分硕博论文会在摘要中介绍各章节的主要内容。

在论文中，中文摘要后往往还包括英文摘要。一般来说，英文摘要和中文摘要需要一一对应。国内的部分作者为了省时省力，可能会采用翻译软件或人工智能软件对中文摘要进行翻译。如果是这种情况，由于翻译软件或人工智能软件可能无法完整表达摘要的含义，因此，在翻译完成后，作者仍需对英文摘要进行检查，如语法错误、是否符合英文表达习惯等，切不可直接使用翻译软件（人工智能软件）翻译后的摘要。

专栏2-2

摘 要 举 例

在制造业服务化趋势下，研究服务业开放如何影响制造业参与国际分工地位的提升具有重要意义。文章基于 OECD 发布的 2000—2020 年贸易增加值数据（TiVA）及服务贸易限制指数（STRI），从理论和实证两方面探讨了服务业开放对制造业国际分工地位的影响，并验证了制度质量及贸易壁垒在其中的调节作用。研究发现，服务业开放显著提升了制造业全球价值链的嵌入位置；服务业自由化通过改善制度环境、削弱贸易壁垒两条路径对制造业的价值链分工位置产生影响，这一机制在国家、行业与部门层面表现出显著的异质性特征；服务贸易自由化对发达国家的制造业和资本密集型制造业影响更大，并且对销售、信息通信和金融保险等细分服务部门提升作用更强。文章对于新发展阶段如何更好地通过扩大服务业开放来促进制造业转型升级，进而提升全球价值链分工地位，实现制造强国和贸易强国，具有重要的政策参考意义和价值。

简要评论：通过分析这篇论文的摘要，可以发现，第 1 句话明确提出了论文的研究意义；第 2 句话说明了论文采用什么方法，做了什么工作；第 3 句话虽然较长，但明确指出了论文的研究结论；第 4 句话指出了论文研究结论对于政策参考的意义。

资料来源：高运胜，刘慧慧，杨晨. 服务业开放如何提升制造业全球价值链嵌入位置：基于跨国面板数据的实证考察[J]. 世界经济研究，2023（11）：43–59，136.

三、论文关键词的写作方法

关键词用于表达文献主题，其目的是方便读者根据关键词搜索到与之密切相关的内容。无论是从传递信息角度，还是从储存信息角度考虑，主题词或关键词的标引都将给文献的储存和检索带来极大的方便。因此，国家标准局于 1983 年 9 月 13 日发布了《文献主题标引规则》（GB 3860—83，最新为 GB/T 3860—2009），规定了文献主题分析主题词选定、标引、组配等规则。对经济学论文而言，一般情况下是 3~5 个关键词，大多数时候这些关键词是从论文题目中提取，我们也可以将这篇论文所用的方法放入关键词，如案例研究、一般均衡分析、双重差分模型等。需要注意的是，关键词应该是名词，不能将助词、形容词作为关键词。

第二节　论文正文的写作方法

论文的正文部分一般包括引言、文献综述、研究假说、基本经验事实、研究设计、计量结果及分析、结论和政策启示等几部分内容。该部分内容也是经济学论文的核心内容，目的是通过逻辑严密的论证，为论文的论点提供支持。

一、引言和文献综述

（一）引言

引言和文献综述作为论文正文的前两个组成部分，有时放在一起，统一称为引言；但有些时候二者是分开的，文献综述单独成为论文的一部分。其中的区别主要有两点：一是文献综述的篇幅，如果文献综述过长，比如，硕士毕业论文的文献综述在 8 000～10 000 字，博士毕业论文的文献综述一般在 1.2 万～2.0 万字，如果还要放到引言里，就会导致引言过于庞大，有头重脚轻的感觉；二是看期刊的要求，有些期刊要求文献综述单独作为论文的一个组成部分，有些则不作具体要求。

如果不包括文献综述，引言一般包括以下 5 个部分的内容。

（1）研究背景和研究问题。所谓研究背景，即是交代清楚这个问题是从哪里来的。一般而言，可以从国际层面或国家层面或历史角度，引出研究背景。对于研究背景的阐述，有以下三个目的：一是使读者对于所要研究问题的来龙去脉有一个比较清晰的了解；二是逐渐聚集于研究问题；三是通过对研究背景的论述，阐明研究的意义。这一部分往往需要基于相关文献，比如，党和国家、国际组织的政策文件、研究报告等，来论述研究背景和研究的重要性。在通过对研究背景的分析引出研究问题的过程中，为了说明研究问题，可以选取 1～3 个变量，采用图表的方式，对这些变量的变化趋势进行分析，来说明所要研究的问题及重要性。

（2）研究意义。基于所要研究的问题，指出研究的意义何在。如果所要研究的问题没有意义，那么，我们就没有必要去研究这个问题了。因此，本质上来说，研究意义是为了明确说明我们的选题为什么是有趣且重要的。一般来说，研究意义主要包括两个方面：一是理论意义，即本文的研究将在哪些方面丰富现有理论的哪些方面的研究成果；二是现实意义，即本文的研究结论对于解决现实问题有什么样的作用。在对研究意义的阐述过程中，如果是学位论文，可以在正文明确分为理论意义和现实意义两部分；如果是准备发表的论文，可以将理论意义和现实意义合二为一，放置于研究问题之后。

（3）创新点。创新点要基于文献而提出。论文基于文献，填补了现有研究中的哪些不足，这就是论文的创新点。因此，一般而言，论文的创新点应该放到文献综述的最后部分，即在总结现有文献的优点和不足之后，提出本文的创新点。将创新点放到引言之中，其目的是起到突出论文创新的作用。目前论文的创新点主要包括研究视角的创新、研究方法的创新、测算方法的创新，以及作用机制、政策含义方面的创新等。

（4）论文结构。这部分内容是为了让读者对于接下来论文的每一部分内容有一个大致的了解，一般采用的格式是："接下来本文分为如下几个部分：第一部分，主要做了××工作；第二部分，主要做了××工作……"

（5）研究结构。部分论文为了突出研究结构，将其放在创新点之后。

专栏2-3

引 言 举 例

加入 WTO 以来，中国制造业的全球价值链分工参与程度进一步深化，制造业贸易额实现快速增长，贸易增加值所占的全球比重由2000年的6%上升到2020年的近20%，连续11年位居世界第一，制造业经济体量规模庞大；但中国人均 GDP 长期低于世界平均水平且远低于发达国家（2021年中国人均 GDP 超越世界人均 GDP 水平，但尚未达到高收入国家人均水平的下限），制造业出口以劳动密集型、低附加值的商品为主，出口质量不高。这种"富裕的贫困"背后是中国制造业参与国际分工水平的长期低下，同时面临发达国家对核心技术的高端封锁及印度等发展中国家承接中低端制造业的后发追赶，中国制造业面临双向挤压、大而不强的状态。制造业投入服务化作为制造业与服务业深度融合发展的新业态新模式，是制造业加速转型升级的重要推动力，不仅提高了其国际竞争力和技术创新能力，而且有利于促进制造业向价值链中高端环节攀升。党的二十大报告提出，"推动制造业高端化、智能化、绿色化发展"。在推动制造业迈向价值链中高端的关键时期，中国一方面面临全球经贸规则重构、贸易保护主义抬头的挑战，另一方面面临"低端锁定"与"高端封锁"的双层困境。因此，中国迫切需要在新一轮对外开放战略中将重心向服务业市场转移，并且优化服务行业结构，发挥服务业对制造业嵌入全球价值链的重要推动作用，加快由"中国制造"向"中国智造"迈进的步伐。

然而长期以来，中国服务业开放程度始终低于制造业，尤其是位于制造业上游的生产性服务业也面临管制较多等问题（马弘、李小帆，2018）。近年来，服务业逐渐成为世界经济增长的重要力量，进一步提升服务业开放水平已成为国际竞争优势新的增长点。服务作为制造业重要的中间投入品，不仅将分散在世界各地的生产环节联系起来，还成为传统贸易向价值链贸易顺利转变的重要力量。一方面，随着制造业服务化进程的不断加快，服务在制造业生产和全球价值链嵌入过程中发挥着越来越重要的支撑作用，服务型制造作为制造业与服务业深度融合发展的新兴产业形态，是赋能制造业转型升级的重要抓手。而中国制造业与现代服务业融合不足，处于低效发展的状态，中国服务业的国际竞争力与世界先进水平相比仍有较大差距，中国GDP中的服务业增加值比重不仅与发达国家平均水平相差约20个百分点，也明显低于中等收入国家的平均水平。另一方面，服务贸易限制的存在进一步抑制了制造业服务化趋势的快速发展。2020年，经济合作与发展组织（OECD）服务贸易限制指数（Service Trade Restrictions Index，STRI）数据显示，发达国家的服务业整体开放程度高于发展中国家，特别是在运输、法律、会计、金融、专业技术等服务领域，发展中国家服务贸易开放受到"极大限制"（大多数服务贸易限制指数接近1），中国综合服务贸易限制指数在48个国家中排名第5，因此，中国服务业开放程度需要进一步提升。

如何通过服务业高水平对外开放带动高质量发展，突破制造业面临的"低端锁定"和传统比较优势丧失的困局，提升参与国际生产网络的核心竞争力，是当前亟须解决的问题。《中华人民共和国国民经济和社会发展第十四个五年规划和2035年远景目标纲要》明确提出，将"促进先进制造业和现代服务业深度融合，以服务制造业高质量发展为导向，推动生产性服务业向专业化和价值链高端延伸"作为建设现代化产业体系的重要目标，制造业参与国际分工水平及价值链地位的提高是实现中国经济高质量创新发展的战略举措。党的二十大也明确提出，稳步扩大规则、规制、管理、标准等制度型开放，创新服务贸易发展机制，推动中国更高水平的对外开放。2022年12月，中央经济工作会议也指出，要扩大市场准入与加大现代服务业领域开放力度，国务院同意批复沈阳等作为第三批开展服务业扩大开放综合试点城市。扩大服务业开放不仅有利于中国服务贸易国际竞争力的提升，而且能够促进服务业更加高效地为下游制造业的生产和销售环节提供中间投入。因此，中国需要进一步扩大服务业开放来培育发展新动能，加强服务业与制造业深度融合的高质量发展，促进贸易结构平衡，为形成以国内大循环为主体、国内国际双循环相互促进的新发展格局贡献"服务力量"。

简要评论：这是一篇典型的"三段论"式的引言。第一段，简要介绍了中国制造业在加入全球价值链后面临的问题，也就是论文所要研究的因变量；第二段，介绍了中国服务业开放情况，即论文所研究的自变量；第三段，指出了论文的政策价值。在论证论文中研究变量的变化趋势时，作者以数据作为论证的依据，对于部分论断，基于相关文献和党的政策、文件作为支撑。

资料来源：高运胜，刘慧慧，杨晨. 服务业开放如何提升制造业全球价值链嵌入位置：基于跨国面板数据的实证考察[J]. 世界经济研究，2023（11）：43-59，136.

专栏2-4

论文创新点举例

本文的边际贡献在于：第一，既往关注企业产能利用率的文献鲜有考察服务业开放的作用，本文则深入地探究了服务业开放是否及如何影响企业产能利用率，对已有研究进行补充；第二，在实证策略上，本文从服务业外商投资参股准入限制放宽的视角，采用双重差分方法更准确地识别了服务业开放对中国制造业企业产能利用率的因果影响；第三，在服务业开放的度量方面，现有研究较多从外资准入角度衡量经济开放，忽略了经济开放中的国民待遇问题，本文对此构造变量将国民待遇问题加以考虑，更加准确和全面地考察服务业开放对中国企业产能利用率的影响；第四，在作用机制方面，本文不仅在以往研究的基础上探讨了生产率和出口扩张效应渠道的作用，还进一步挖掘了减少企业非效率投资这一机制在服务业开放提升企业产能利用率中的作用，有助于深化对服务业开放与企业产能利用率之间内在关系的理解；第五，在政策意义上，本文借助丰富的微观企业数据研究了服务业开放对企业产能利用率的影响，从服务业开放角度为我国如何更有效地化解产能过剩提供一定的启发。

简要评论：对"服务业开放对我国制造业企业产能利用率的影响研究"的边际贡献（创新点）进行分析可以发现，该文的创新点包含了：（1）研究视角的创新；（2）研究方法的创新；（3）测算方法的创新；（4）提出了新的作用机制；（5）政策含义方面的创新。

资料来源：毛其淋，谢汇丰. 服务业开放对我国制造业企业产能利用率的影响研究[J]. 财贸经济，2023，44（11）：72-87.

（二）文献综述

文献综述，顾名思义，包括两部分内容：一是"综"，即对现有文献基于一定的逻辑进行归纳总结；二是"述"，即对现有文献的优点和不足做出述评。文献综述目的如下：一是对现有文献做出比较全面、系统、客观的评价；二是找到现有文献中可作为参考借鉴的地方；三是通过客观评价现有文献的不足，找到自己所撰写论文的可能的边际贡献，也就是论文可能的创新点。

如果把文献综述作为引言的一部分，一般而言，其作用往往包括两个方面：一是作为证据，佐证研究的重要性；二是单纯作为文献综述，阐述现有研究的主要内容、优势和不足，从而引出论文的创新点。相对于单独作为论文一部分的文献综述而言，作为引言一部分的文献综述，其字数往往更少，内容更加精练，因为如果内容过多，会给人以头重脚轻之感。

如果文献综述作为论文单独的一个组成部分，其目的同样是通过总结现有研究的主要内容、优势和不足，找到现有研究的不足和论文的边际贡献（创新点）。因此，文献综述要求具有合理的逻辑结构，能够比较全面、系统地总结与本文研究密切相关的文献，并对文献作出客观的评价。一般而言，优秀的文献综述，"综"的部分，应占到文献综述的三分之二。"述"的部分，应占到文献综述的三分之一[①]。此外，还有部分论文将文献综述和研究假说合并，在分析变量之间的因果关系时，厘清相关文献的研究脉络，此时，该部分往往以类似于"文献综述和研究假说的提出"的方式在文中显示。

二、研究假说

研究假说，又可以称为理论框架、概念框架、理论分析或机制分析，其目的是基于相关概念或理论，采用演绎法论证文中所要研究的变量之间的因果关系，得到变量之间关系的具体方向，为接下来的研究提供可以利用数据进行证伪的研究假说。研究假说这部分最终需要明确提出若干个可以基于数据和相关方法来检验的研究假说，一般采用研究假说1、研究假说2或H1、H2等方式来表示。

在该部分内容中，对于如何具体论证变量之间的因果关系，可以采用三种方法：数理模型法、图形分析法、文字分析法。在这三种方法的具体应用过程

[①] 对于撰写文献综述的具体要求，请参考本书"文献"中的相关内容。

中，就近年所发表的经济学论文来看，往往三种方法一同使用更为常见。

（一）数理模型法

数理模型法，即基于一系列假设条件和相关理论，采用数学方法来分析论文中所要研究的两个变量之间的因果关系。这种因果关系往往最后体现为变量之间的系数符号为正或负。

数理分析法的优势在于，首先，由于数学自身具有严密的逻辑，最终的结论是在一系列假设条件下一步一步推导出来的，只要前提假设没有不符合实际，推导过程没有错误，所得到的结论就是正确的；其次，由于数学语言不存在歧义，任何读者只要懂数学语言，就能看懂作者要表述什么。正是因为这两点优势，现代经济学更多是采用数学的方式来论证经济学理论。

（二）图形分析法

图形分析法主要是采用逻辑框架图。通过逻辑框架图、流程图，来显示变量之间的逻辑关系。在图形分析法中，虽然我们主要采用逻辑框架图、流程图来分析变量之间的因果关系，但仍需要辅以文字进行说明。逻辑框架图、流程图的目的在于更加清晰地表明变量之间的因果关系。这一方式的缺陷在于，如果变量较多，则无法全部显示在逻辑框架图和流程图之中，那就可能对分析过程产生影响。现代经济学论文写作往往利用流程图或逻辑框架图来分析自变量对因变量的影响机制或调节机制，与文字分析法结合使用。

（三）文字分析法

如果采用文字来分析变量之间的因果关系，需要以相关理论为基础，基于相关事实和数据，通过引用大量已有文献中的观点来论证变量之间的因果关系。这种方法除需要具有较强的文字表达能力，能够用文字将所要表达的思想表达出来，尽量不出现歧义之外，还需要具有较强的文献分析能力和组织能力，能够在已有文献中找到可以证明自己观点的内容。文字分析法最大的问题在于这种方法可能无法向读者清楚展示作者的观点，甚至还会引起误解，因为每个人对文字的理解可能不一样。

需要特别注意以下两点。

第一，无论是采用数理分析法、图形分析法还是文字分析法，应明确三种方法之间并无优劣之分，其根本目的是提出可以用数据检验的、可被证伪的研究假说。

第二，在经济学论文中，可能无法只使用一种方法来论证变量之间的因果关系，需要同时使用三种方法。比如，在分析自变量和因变量的因果关系时，可以使用数理分析法和文字分析法，但在论证自变量通过何种途径来影响因变量时，往往需要使用图形分析法和文字分析法。

三、基本经验事实

由于研究假说只是基于相关文献，采用演绎法来分析变量之间的因果关系，一方面，所得到的研究假说并未经事实所验证，所以只能被称为假说而不是理论或结论；另一方面，对于变量，该部分只是简单地说明了变量之间可能存在什么样的关系，至于能否找到衡量变量的指标，并不是研究假说部分所要考虑的问题。因此，基本经验事实这部分内容主要基于相关数据和具体测算指标来具体分析变量之间的变化趋势，以及简要分析变量之间的相关关系①。

（一）基本经验事实的主要作用

第一，为所要研究的变量找到可以衡量的指标和数据来源，为接下来的实证研究提供分析的基础。

第二，通过对变量的变化趋势的分析，主要包括变量之间的变化方向是否相同、变化程度是否一致等，可以初步分析变量之间的关系。但需要说明的是，基本经验事实部分对变量之间关系的分析，只是简单地对变量之间相关关系的分析，而不是对变量之间因果关系的分析。

第三，通过对相关变量的变化趋势的分析，可能会发现一些新的现象，从而为理论研究提供新的证据，促进经济学理论的发展。很多理论，最早的时候，都是先来源于对数据的分析，在分析之后，发现一个目前按照传统理论已经解释不了的现象，然后用一个新的理论去解释这一现象。比如说，第二次世界大战之前世界贸易的形式大概是发展中国家出口原材料等资源密集型产品或劳动密集型产品，进口机器设备等资本密集型或技术密集型产品。美国作为发达国家，会出口资本密集型产品，进口劳动密集型产品。但是到了20世纪六七十年代，就发现一个问题：在美国进口的产品和出口的产品中，同时进口和出口同一产业的产品。这一现象使用传统的贸易理论根本无法解释。这时，新的贸易

---

① 基本经验事实这部分内容，在某些文献中往往以 X 和 Y 的变化趋势作为标题出现，或直接作为研究设计的一部分出现在论文中。

理论就出现了。所以，通过对数据的分析发现新的问题，是理论创新的重要来源之一。

（二）基本经验事实的主要内容

1. 变量的测算方法和数据来源

这部分内容主要介绍论文中感兴趣的变量的测算方法、计算公式和数据来源。在对测算方法、计算公式的介绍中，需要注意以下两点。

第一，如果是自己首创的测算方法和计算公式，需要详细表述，具体包括测算方法的详细说明、计算公式的经济学原理和基本假设条件，重要推导过程也需要详细说明[①]。如果是对已有测算方法、计算公式的改进，需要说明相对于已有的测算方法和计算公式改进后的测算方法、计算公式的优势，并简要列出重要的推导过程和最终的计算公式；如果是使用已有的测算方法和计算公式，仅需要说明测算方法和计算公式的来源，列出最终的计算公式，无须再对计算公式进行推导。

第二，在编辑公式时，尽量使用新罗马字体斜体或公式编辑器进行编辑，还需要注意变量的上下角标。

在数据来源的介绍方面：第一，对于首次使用的数据库，需要详细说明数据库的来源和主要内容；对于大家耳熟能详的数据库，仅作简要说明即可。第二，如果对数据库中的数据进行了处理，还需要具体说明数据处理的方式。

专栏2-5

变量的测算方法和数据来源举例

1. 变量的测算

本文从风险抵御能力和出口恢复能力两个角度对中国企业的出口韧性进行衡量。

（1）风险抵御能力（res_{it}）：2008年金融危机严重冲击中国出口，导致2009年中国企业出口出现下降，2010年仍有40%的出口企业没有走出低谷状态。据此，根据现实数据，本文将2009年和2010年视为出口企业的风险抵御期，以企业2009年和2010年的出口额相较于2008年出口额的偏离度作为风险抵御能

[①] 对于推导过程的细节，可以在文中忽略，或放到附录之中。

力的衡量指标，公式为：

$$\text{res}_{it} = \frac{\text{export}_{it} - \text{export}_{i2008}}{\text{export}_{i2008}}$$

其中，export_{it} 和 export_{i2008} 分别为企业 t 年（$t=2009,2010$）和 2008 年的出口额，res_{it} 的值越大，企业出口额下降幅度越小，抗风险能力越强。

（2）出口恢复能力（rec_i）：采用企业出口恢复时间（T_{reci}）作为恢复能力的代理变量，恢复时间越长，企业的恢复能力越差。本文以 2009 年作为冲击显现的元年，将企业从冲击到恢复的过程划分为两个阶段：一是从冲击到企稳（T_{recf_i}），并把企业出口增长率连续两年大于 0 的起始时间，作为企业出口企稳的时间点；二是从企稳到恢复（T_{recs_i}），将企业企稳后出口额第一次大于 2008 年出口额的时间作为出口恢复时间。

2. 数据来源

本文实证数据主要源于两套数据库：一是国家海关总署发布的中国海关数据库；二是国家统计局发布的中国工业企业数据库。由于本文以 2008 年金融危机为背景，故选取的样本区间为 2008—2013 年。本文对样本数据的处理步骤是：删掉工资小于等于 1 万元或人数小于 6 人的企业；删掉年龄小于 0 或大于 60 的企业；删除带有"贸易公司""进出口"等字眼的贸易中介企业。在此基础上，根据"企业名称"的序贯识别法将 2008—2013 年中国海关数据库与工业企业数据库进行匹配，得到涵盖企业特征和出口信息的综合性数据。

资料来源：刘慧，綦建红. 外需冲击下多元化策略如何影响企业出口韧性[J]. 国际经贸探索，2021，37（12）：4-19.

2. 变量的变化趋势

在对变量变化趋势的分析中，要基于测算方法、计算公式和相关数据所计算出的结果，对变量的变化趋势进行分析，一是要分析主要关心的变量的变化趋势，二是要初步分析变量之间的相关性，为接下来的实证研究提供基础。部分主要使用图、表的方式，对变量的变化趋势和相关性进行分析；使用的统计指标主要包括绝对量、变化率、均值、极差、标准差等。

如果是毕业论文，在分析变量的变化趋势后，还需要对变量间的相关性进行分析，初步分析所要研究的变量之间的变动方向。对于拟在期刊上发表的论文，对于变量之间相关性的分析可以放置于"研究设计"部分。

专栏2-6

变量的变化趋势分析举例

图 2-1 计算了 1995—2009 年中国 33 个行业（包括 1 个农业行业、16 个制造业行业、16 个服务业行业）在全球价值链所处的平均位置、货物行业和服务业各自行业在全球价值链中所处的平均位置的变化情况。可以发现，第一，总体来看，中国各行业普遍处于全球价值链的下游，并且在 2004 年之前，中国各行业在全球价值链中所处的位置总体是在下降的；2008 年后，这一趋势有所缓解，各行业在全球价值链中所处的平均位置有所上升。第二，相对于货物行业，服务业中各行业在全球价值链中的位置更高，更接近于全球价值链的上游。相对于服务业而言，制造业从外国进口了更多的中间产品来生产最终产品，使中国的制造业更靠近最终产品的生产[①]。

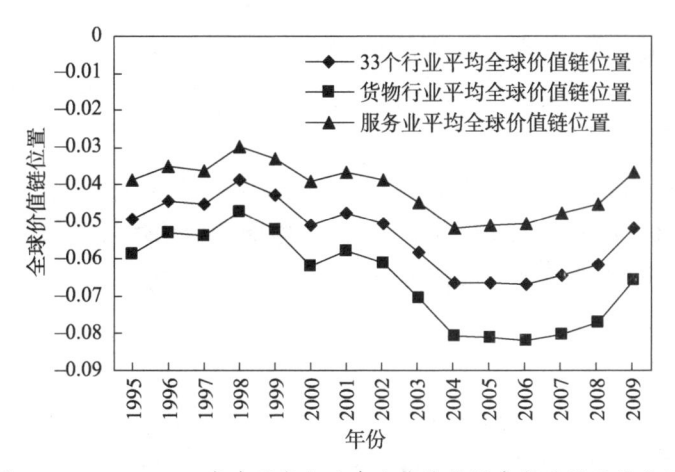

图 2-1 1995—2009 年中国各行业在全球价值链中所处的平均位置
数据来源：根据 WIOT 数据库中的相关数据计算而得。

四、研究设计

这部分内容往往也被称为"模型、变量和数据"或"模型构建与数据说明"等，主要目的是对为验证研究假说所使用的模型、变量和数据作出详细的说明。这部分主要包括以下内容：一是对模型如何设定做出说明，即需要设定模型：

[①] 资料来源：蒋庚华，吴云霞. 全球价值链位置对中国行业内生产要素报酬差距的影响——基于 WIOD 数据库的实证研究[J]. 财贸研究，2017，28（8）：44-52.

$Y=\alpha_0+\alpha_1 X+\Sigma\beta_i Z_i$，$Y$ 为被解释变量（因变量），X 为解释变量（论文中主要关心的自变量），Z_i 为一系列控制变量，α_0、α_1 和 β_i 为待估参数，待估参数最好使用希腊字母来表示；二是对所使用变量作出说明，包括变量如何测算；三是对模型中使用数据的来源进行说明；四是如果使用计量经济学的方法来验证研究假说，那在这部分还需要给出样本的描述性统计表（包括样本量、均值、最大值、最小值、标准差等，必要时还需汇报中位数、分位数等统计指标），并对其作出简要说明。另外，还需要说明变量之间的相关系数矩阵等。

这部分内容需要特别注意以下几点。

第一，在给出变量描述性统计表后，需要对变量描述性统计表作出简要的说明，主要是均值、标准差、极差的趋势等。

第二，在给出变量间相关系数矩阵后，不仅需要对被解释变量（Y）和主要解释变量（X）的相关系数符号进行说明，以初步验证研究假说，还需要对主要解释变量和一系列控制变量（Z_i）之间的相关系数作出说明，以确定变量之间是否存在较为严重的多重共线性问题；如果不能提供变量间相关系数矩阵，也可以提供主要变量之间的散点图及拟合曲线，以初步确定主要解释变量与被解释变量之间的相关关系。

第三，这部分对变量做出说明与基本经验事实部分的差别在于，如果在基本经验事实部分已经对论文所关心的变量的测算方法和数据来源做出了说明，那么，这部分仅需对验证研究假说时所使用的其他数据测算方法和数据来源进行说明。

第四，如果没有对论文所关心的变量测算方法和数据来源做出说明，在该部分就需要对全部变量的测算方法和数据来源做出说明。

对于部分基于数据进行模拟的论文，这一部分往往需要给出模拟的公式、数据等相关信息。

专栏2-7

研究设计举例

（一）计量模型的设定

为检验文中第三部分所提出的理论假说，在这一部分，本文进一步对服务中间品出口和服务最终品出口对中国服务行业中资本、高技术劳动、中技术劳动、低技术劳动这4种生产要素报酬差距的影响进行实证检验。在计量模型的选择上，本文借鉴了 Feenstra 和 Hanson（2003）、滕瑜和朱晶（2011）、单希彦（2014）的计量方法，使用超越对数生产函数作为基本的计量模型，其基本形式如下。

假设生产某种服务产品 i 需要 4 种生产要素：资本 K_i、高技术劳动 H_i、中技术劳动 M_i 和低技术劳动 L_i，生产函数为：

$$Y_i = f(K_i, H_i, M_i, L_i, Z_i) \tag{1}$$

其中，Z_i 代表其他影响 i 服务行业产出的结构性因素，相应地，i 服务行业的成本函数可以表示为：

$$C_i = C(r, w, q, m, Y_i, Z_i) \tag{2}$$

其中，r、w、q、m 分别代表资本报酬、高技术劳动报酬、中技术劳动报酬和低技术劳动报酬。长期而言，企业为了使生产成本最小化，需要在不同生产要素之间进行选择，即：

$$C_i = C(r, w, q, m, Y_i, Z_i) = \min_{K_i, H_i, M_i, L_i} rK_i + wH_i + qM_i + mL_i \tag{3}$$

假设成本函数采用超越对数生产函数的形式：

$$\begin{aligned}\ln C &= \alpha_0 + \alpha_1 \ln r + \alpha_2 \ln w + \alpha_3 \ln q + \alpha_4 \ln m + \alpha_5 \ln Y_n + \alpha_6 \ln Z_n + \beta_1 (\ln r)^2 + \\ &\quad \beta_2 (\ln w)^2 + \beta_3 (\ln q)^2 + \beta_4 (\ln m)^2 + \beta_5 (\ln Y_n)^2 + \beta_6 (\ln Z_n)^2 + \gamma_1 \ln r \ln Y_n + \\ &\quad \gamma_2 \ln r \ln Z_n + \gamma_3 \ln w \ln Y_n + \gamma_4 \ln w \ln Z_n + \gamma_5 \ln q \ln Y_n + \gamma_6 \ln q \ln Z_n + \\ &\quad \gamma_7 \ln m \ln Y_n + \gamma_8 \ln m \ln Z_n + \phi_1 \ln r \ln w + \phi_2 \ln r \ln q + \phi_3 \ln r \ln m + \phi_4 \ln w \ln q + \\ &\quad \phi_5 \ln w \ln m + \phi_6 \ln q \ln m + \eta_1 \ln Y_n \ln Z_n\end{aligned} \tag{4}$$

将方程（4）中左边的 $\ln C$ 分别对 $\ln r$、$\ln w$、$\ln q$ 和 $\ln m$ 求导，可以得到：

$$\frac{\partial \ln C}{\partial \ln r} = \alpha_1 + \beta_1 \ln r + \phi_1 \ln w + \phi_2 \ln q + \phi_3 \ln m + \gamma_1 \ln Y_n + \gamma_2 \ln Z_n \tag{5}$$

$$\frac{\partial \ln C}{\partial \ln w} = \alpha_2 + \beta_2 \ln w + \phi_1 \ln r + \phi_4 \ln q + \phi_5 \ln m + \gamma_3 \ln Y_n + \gamma_4 \ln Z_n \tag{6}$$

$$\frac{\partial \ln C}{\partial \ln q} = \alpha_3 + \beta_3 \ln q + \phi_2 \ln r + \phi_4 \ln w + \phi_6 \ln m + \gamma_5 \ln Y_n + \gamma_6 \ln Z_n \tag{7}$$

$$\frac{\partial \ln C}{\partial \ln m} = \alpha_4 + \beta_4 \ln m + \phi_3 \ln r + \phi_5 \ln w + \phi_6 \ln q + \gamma_7 \ln Y_n + \gamma_8 \ln Z_n \tag{8}$$

方程（5）~方程（8）的左边 $\frac{\partial \ln C}{\partial \ln i} = \left(\frac{\partial C}{\partial i}\right)\left(\frac{i}{C}\right)$（$i = r, w, q, m$）为第 i 种生产要素报酬在总成本中的比重，将其表示为 S_{in}（$i = r, w, q, m$），对方程（5）~方程（8）取差分，将服务中间品出口（intra）、服务最终品出口（fitra）、行

业生产率（pr）作为外生结构变量纳入方程中，考虑到生产要素报酬的变化受到前一期的影响，因此，在计量模型中加入被解释变量的滞后 1 期，最终得到本文用于估计服务中间品出口和服务最终品出口，对中国服务行业中 4 种不同生产要素报酬差距影响的计量方程：

$$\Delta S_{rn} = \gamma_0 + \theta_0 \Delta S_{rn,t-1} + \gamma_1 \Delta \ln Y + \tau_1 \Delta \ln \text{intra} + \tau_2 \Delta \ln \text{fitra} + \tau_3 \Delta \ln pr \quad (9)$$

$$\Delta S_{wn} = \lambda_1 + \theta_1 \Delta S_{wn,t-1} + \gamma_2 \Delta \ln Y + \rho_1 \Delta \ln \text{intra} + \rho_2 \Delta \ln \text{fitra} + \rho_3 \Delta \ln pr \quad (10)$$

$$\Delta S_{qn} = \lambda_2 + \theta_2 \Delta S_{qn,t-1} + \gamma_3 \Delta \ln Y + \varphi_1 \Delta \ln \text{intra} + \varphi_2 \Delta \ln \text{fitra} + \varphi_3 \Delta \ln pr \quad (11)$$

$$\Delta S_{mn} = \lambda_3 + \theta_3 \Delta S_{mn,t-1} + \gamma_4 \Delta \ln Y + \omega_1 \Delta \ln \text{intra} + \omega_2 \Delta \ln \text{fitra} + \omega_3 \Delta \ln pr \quad (12)$$

在估计方法的选择上，由于本文使用的是面板数据，考虑到计量方程存在的内生性问题，可能对计量模型的估计造成偏误，本文采用面板数据的系统广义矩估计（系统 GMM）作为估计方法，将服务中间品出口、服务最终品出口这两个本文所关心的主要解释变量作为内生变量来考虑，采用解释变量和被解释变量的 1~3 期的滞后值作为工具变量。

（二）相关变量说明和数据来源

1. 被解释变量

本文的被解释变量包括 4 个。ΔS_{rn}：服务行业中资本报酬占全部生产要素报酬的比重，方程（9）中的被解释变量；ΔS_{wn}：服务行业中高技术劳动报酬占全部生产要素报酬的比重，方程（10）中的被解释变量；ΔS_{qn}：服务行业中中技术劳动报酬占全部生产要素报酬的比重，方程（11）中的被解释变量；ΔS_{mn}：服务行业中低技术劳动报酬占全部生产要素报酬的比重，方程（12）中的被解释变量。

2. 解释变量

方程（9）~方程（12）中的解释变量包括 4 个。$\Delta \ln \text{intra}$：服务中间品出口的对数的差分；$\Delta \ln \text{fitra}$：服务最终品出口的对数的差分，上述两个变量为 4 个计量方程中的主要解释变量；$\Delta \ln Y$：服务行业总产出对数的差分，用于衡量服务行业产出变化对服务行业生产要素报酬差距的影响；$\Delta \ln pr$：服务行业全员劳动生产率对数的差分，根据梁运文和张帅（2013）的计算方法，该行业的附加值由全部从业人员比值计算而得，用于衡量生产率变化对服务行业不同生产要素报酬差距的变化的影响。

在数据来源上，本文计算不同服务行业中间品出口和最终品出口的相关数据来自世界投入产出（WIOD）数据库中的国家间投入产出表（WIOT），服务行业中不同生产要素报酬所占比重、服务行业总产出、全员劳动生产率的相关数据来自 WIOD 数据库中的社会——经济账户（SEA）表。

（三）数据处理

由于 WIOD 数据库中部分服务行业的数据为 0，对于上述数据的处理，本文采用两种方法：首先，对于全部年份数据为 0 的行业进行剔除；其次，在此基础上，对于某些行业存在部分年份数据为 0 的情况，参照陆铭（2013）的处理办法，将原始数据加 1 后再取对数。在剔除缺失数据后，最终选取 15 个服务行业 1995—2009 年共计 15 年的数据作为分析的样本，因此，原始数据共 225 个观测值，取差分后共 210 个观测值。所有数据均根据 WIOD 数据库中的 SEA 表提供的以 1995 年为基础的总产出价格指数进行了平减。

样本描述性统计如表 2-1 所示。

表 2-1 样本描述性统计

变量名称	变量含义	观测值	均值	标准差	最小值	最大值
ΔS_{rn}	服务行业中资本报酬与全部生产要素报酬之比的差分	210	0.524 554 3	0.205 13	0.053 798 7	0.793 904 3
ΔS_{wn}	服务行业中高技术劳动报酬与全部生产要素报酬之比的差分	210	0.076 404 4	0.071 786 4	0.005 862 6	0.387 520
ΔS_{qn}	服务行业中中技术劳动报酬与全部生产要素报酬之比的差分	210	0.278 395 5	0.135 625	0.103 082 9	0.669 434 4
ΔS_{mn}	服务行业中低技术劳动报酬与全部生产要素报酬之比的差分	210	0.120 645 8	0.085 568 3	0.002 820 9	0.420 140 2
$\Delta \ln fitra$	服务最终品出口的对数的差分	210	5.598 555	2.614 902	−7.182 192	8.591 666
$\Delta \ln intra$	服务中间品出口的对数的差分	210	6.768 1	2.222 533	0	10.394 08
$\Delta \ln Y$	行业总产出的对数的差分	210	13.002 67	0.901 356 6	10.585 88	15.454 89
$\Delta \ln pr$	行业全员劳动生产率的对数的差分	210	3.168 363	1.089 456	0.344 617	5.294 645

资料来源：蒋庚华. 服务中间品出口、服务最终品出口与服务业生产要素报酬差距——基于 WIOD 数据库的实证研究[J]. 东北师大学报（哲学社会科学版），2016（5）：80-89.

五、实证结果及分析

该部分内容的目的是基于研究假说和研究设计，采用计量经济学或模拟的方法估计相关结果，验证研究假说的真伪，并对结果做出解释。如果是采用计量经济学的相关方法，在这部分中包括如下内容。

（一）基准回归

在基准回归中，需要对基准计量模型，即研究设计中所设定的计量模型，采用相关数据进行估计。在估计过程中需要注意的是，我们需要对该回归结果进行解释。对基准回归结果的解释主要包括五个方面的内容。①计量模型对统计学意义的显著性问题进行分析，即估计的回归系数是否显著异于 0，是否所有估计参数同时为 0，即是否 $a_0 = a_1 = a_2 = \cdots = a_n = 0$；计量方程对于被解释变量的解释效力如何，即可决系数 R^2 多大等[1]。②对计量模型的结果基于相关理论和文献，从经济学的角度进行分析。这里包括两个方面，一是需要基于经济学的相关理论，对计量模型的结果做出分析，解释结果在经济学上的含义；二是计量模型的经济显著性问题，假设我们现在估计得到的回归结果是 $y = 0.4 + 0.6x + 0.000\,006z$，这时通过统计学知识，我们可以证明 x、z 对 y 都有影响。但是这里有一个问题，z 每变动一个单位，仅会对 y 产生 0.000 006 个单位的影响。从经济意义上来说我们需要很大幅度地变动 z，才会对 y 产生较大的影响。虽然在统计意义上它们是相关的，但是在经济意义上它们的相关性极小。一般来说，在统计意义上的分析可以找到确定的标准，如 t 值、标准差、置信区间、F 值等，但回归系数经济意义上的显著性是主观的，往往没有一个客观的标准。一个经验法则是，如果回归系数小于 0.001，则说明计量结果缺少经济意义上的显著性。③对基准回归模型的估计往往使用逐步回归的估计方法，即逐步添加变量的方法来估计计量模型，虽然逐步回归法在计量经济学上有其特定的意义，但从实证经济学的角度来看，逐步回归法的目的在于通过逐步添加变量来检验回归系数的符号是否一致，以此作为稳健性检验的一部分。④对于基准回归的解释，我们往往更加关注主要解释变量的系数符号，对于系数的大小只需要满足经济显著性即可。如果需要对系数大小作更多的解释，往往需要比较不同变量（主要解释变量和控制变量）之间系数的大小，并分析导致不同变量估计系数产生差异的原因。⑤对于回归系数的解释，应主要集中在主要解释变量对解释变量的影响系数上。对于控制变量的影响系数，由于控制变量同样存在内生性问题，往往不需要过多解释。

---

[1] 对于计量方程的分析，参见相关计量经济学教材。

专栏2-8

逐步回归写作方法举例

基准回归结果如表2-2所示。

表2-2 基准回归结果

	（1）	（2）	（3）
数字服务贸易限制指数	−0.085***	−0.087***	−0.079***
	（−3.34）	（−3.46）	（−3.73）
进出口国GDP		0.254***	0.227***
		（16.56）	（16.44）
地理距离		−0.938***	−0.957***
		（−69.41）	（−76.73）
两国是否相邻		0.384***	0.349***
		（21.86）	（20.2）
两国是否都为WTO成员方		0.104***	0.108***
		（4.87）	（4.90）
两国是否签订服务贸易协定		0.246***	0.287***
		（10.99）	（14.41）
两国是否具有同一语言		0.079***	0.049***
		（5.73）	（3.61）
贸易开放度			0.001***
			（3.62）
制度距离			−0.044***
			（−13.11）
常数	−7.873***	−10.740***	−9.567***
	（−62.84）	（−15.75）	（−16.01）
时间效应	控制	控制	控制
出口国效应	控制	控制	控制
进口国效应	控制	控制	控制
出口行业效应	控制	控制	控制
进口行业效应	控制	控制	控制
出口国-出口国行业效应	控制	控制	控制
进口国-进口国行业效应	控制	控制	控制
F	8 378.303	1.7e+06	1.5e+06
r^2	0.586	0.745	0.760
N	27 481 538	2 481 538	26 500 281

注：括号内的数值为聚类到行业层面的 t 值；*、**和***分别代表在10%、5%和1%的水平下显著。

资料来源：蒋庚华，曹张帆. 数字服务贸易壁垒如何影响增加值贸易强度：基于跨国面板数据的实证检验[J]. 南开经济研究，2023（3）：77-98.

（二）稳健性检验

由于在研究假说部分只是提出了对变量之间因果关系可被验证的假说，而并不关心变量测算、数据来源和时间期限等问题，因此，在基准回归中我们需要采用一套数据、一种测算方法来对论文中所感兴趣的变量之间的因果关系进行分析，从而验证研究假说。随之而来的问题就是，基准回归结果能否真正证实或证伪研究假说？基于"大胆假设、小心求证"的研究方法论，我们需要采用多种方法、不同数据来验证研究假说，这也就是稳健性检验的主要目的。

在稳健性检验部分，我们主要采用的方法包括：采用不同方法来测算解释变量和被解释变量；采用不同的计量方法对变量之间的因果关系进行分析；采用不同来源的数据、不同时间范围的数据来验证变量之间的因果关系等。比如，现在研究的是经济发展水平对于消费的影响，我们可以用GDP作为自变量、人均消费水平作为因变量。那么，在稳健性检验部分，我们可以采用人均可支配收入、国民收入等指标作为GDP的替代指标，通过与人均消费水平做回归来验证研究假说。此外，如果是使用跨国数据，我们还可以在基准回归中采用中国的数据来验证研究假说，在稳健性检验中采用跨国数据来验证研究假说等。

（三）内生性问题

内生性问题虽然是基于计量经济学的前提假设所产生的，却是计量经济学实证研究中所必须考虑的问题，也是现代经济学实证研究中必需的组成部分。其基本方法是，通过对所感兴趣的解释变量找到可行的工具变量，或是采用可以避免（缓解）内生性的计量方法，来解决可能存在的内生性问题[①]。需要指出的是：第一，在当代经济学论文写作过程中，对于工具变量，往往需要找到2～3个工具变量，以增强研究的可信性；第二，使用工具变量解决内生性问题后的计量结果也可以与基准回归中的计量结果进行比较，一是用于分析内生性问题的存在对计量结果所造成的影响，二是作为稳健性检验的一种方法，验证基准回归的稳健性；第三，对于使用的工具变量，不仅需要在计量经济学角度证明其是满足工具变量的假设条件，还要在经济学上说明所使用的工具变量为什么是可行的。

（四）异质性分析

对于具有不同属性的样本，解释变量对被解释变量的影响往往存在差异。

---

① 对于计量模型的内生性问题及解决办法，可参见相关的计量经济学教材。

例如，如果我们要研究基础设施对中国出口产品质量的影响，由于不同地区之间经济发展水平上存在差异，不同性质企业（一般贸易企业、加工贸易企业）在出口产品质量上存在差异，对基础设施的要求也不同，因此需要具体分析基础设施对具有不同属性的样本出口产品质量的影响，这就需要在实证检验中考虑到不同性质的样本在计量结果上的差异。异质性分析也称分组回归，通过将大样本按照不同的属性拆分成小样本，对其进行计量分析，其目的就是验证不同性质样本的计量结果差异并分析原因。一般来说，可以根据国家经济发展水平异质性（发达国家、发展中国家）、地区经济发展水平异质性（东部地区、中部地区、西部地区、东北地区）、企业异质性（一般贸易企业、加工贸易企业）、企业所有权异质性（国有企业、民营企业、外资企业）、技术密集度异质性（劳动密集型、资本密集型、技术密集型）、行业异质性（农业、制造业、服务业）、时间异质性（2008年金融危机前和2008年金融危机后、改革开放前和改革开放后等）来进行异质性分析。需要注意的是：第一，一篇论文中往往需要基于不同属性的异质性进行检验，一般不会只检验一种异质性；第二，在进行异质性检验时，不同样本之间的计量结果不能直接进行比较，需要利用特定的计量方法比较不同样本之间回归系数的大小[①]。

（五）机制检验

在研究假说和基准计量回归模型的设定中，我们往往研究的是主要解释变量（X）对被解释变量（Y）的影响。但是，这一结果只是说明了主要解释变量（X）对被解释变量（Y）的影响是正还是负，并不能说明主要解释变量（X）通过什么渠道来影响被解释变量（Y）。要解决这一问题就需要引进机制检验来检验主要解释变量（X）通过什么渠道来影响被解释变量（Y），其计量方法如式（2-1）~式（2-3）所示[②]。

$$Y = \alpha X + e_1 \quad (2\text{-}1)$$

$$M = \alpha X + e_2 \quad (2\text{-}2)$$

$$Y = \beta X + \gamma M + e_3 \quad (2\text{-}3)$$

在机制检验中，需要注意的问题是：第一，机制检验同样需要基于研究假

---

① 对于不同性质样本计量结果的比较，参见连玉君和廖俊平发表于《郑州航空工业管理学院学报》2017年第6期的《如何检验分组回归后的组间系数差异？》一文。

② 公式来源：式（2-1）~式（2-3）来源于温忠麟等（2004）。

说，即如果要检验主要解释变量（X）通过什么渠道来影响被解释变量（Y），就需要在研究假说中明确提出相应的研究假说，即计量模型只能验证（或证伪）研究假说，不能提出研究假说。第二，一般而言，主要解释变量（X）对被解释变量（Y）的影响机制往往不止一个。因此，在现代经济学论文中，往往需要检验 2～3 个机制。第三，在机制检验部分的计量经济学方法上，往往需要遵循特定的方法，相关论文参见温忠麟等（2004）、江艇（2022）等的相关研究。

（六）调节效应

调节效应是指原因对结果的影响强度会因个体特征或环境条件而异，这种特征或条件被称作调节变量（江艇，2022）。调节效应的形式为[①]：

$$Y = \beta_0 + \beta_1 D_1 + \beta_2 D_2 + \beta_3 D_1 \times D_2 + \varepsilon \tag{2-4}$$

调节效应的应用，一般而言，某一个连续变量（Z）可能会对主要解释变量（X）对被解释变量（Y）的影响存在调节效应。在这种情况下，一般有两种写法，一是在题目中直接体现这种调节效应，即题目为"X、Z 对 Y 的影响"；二是将调节效应作为异质性分析的一种，通过加入体现异质性的虚拟变量（D）和主要解释变量（X）之间的交互项，通过调节效应来体现异质性检验的内容。

（七）进一步分析

在进一步分析的撰写上，要求相对比较随意，可以依据自己的意愿，将一些不那么重要但是又与论文相关的实证检验的内容放到进一步分析之中。总的来说，这部分内容有两种写法，一是将机制检验、调节效应等内容放到进一步分析之中；二是将与论文实证检验的主要内容关系不大，但是又与所要研究的内容相关的一些实证检验内容放到进一步分析中。例如，如果作者在研究过程中使用的是跨国面板数据，其所得到的结论可能与单独使用中国数据所得到的结论有所差异。为了体现变量之间因果关系对中国的影响，往往会在进一步分析中单独将基于中国的研究置于进一步分析中。

六、结论和政策启示

结论和政策启示部分，一般而言，主要包括以下内容：一是主要研究结论，

[①] 公式来源：江艇. 因果推断经验研究中的中介效应与调节效应[J]. 中国工业经济，2022（5）：100-120.

二是政策启示。作为毕业论文，还可以在该部分加入研究不足和研究展望内容。

（一）主要研究结论

这部分要针对论文的研究结论进行精练，总结出主要研究结论。一般而言，一方面，研究结论只需要总结论文中的干货，即采用什么方法、数据和得到什么结论，在对结论的论述中要精练，只论述论文的结论，不需要涉及其他方面；另一方面，相对于论文摘要中的结论，论文结论往往更加丰富，能够体现的内容也更多更具体。

（二）政策启示

政策启示，主要针对论文研究的现实意义和主要研究结论，提出相应的政策启示或政策建议，这也是论文现实意义的具体表现形式之一。在这一部分中，一是一定要针对研究的现实意义和主要研究结论来提政策启示，不能随意提，不能依据论文中没有提到的研究结论来提政策启示；二是政策启示要言简意赅，不能拖泥带水；三是政策启示要充分考虑该项政策的约束条件，不能随意提出一些不着边际的政策启示。

（三）研究不足和研究展望

研究不足和研究展望，往往只出现在毕业论文之中。研究不足需要客观地对所撰写的论文做出评价，评价论文存在的主要问题，一般2~3条即可，既不能讳疾忌医，也不能夸大研究不足，还要说明论文中的研究不足为什么会存在，原因是什么。研究展望需要基于论文的研究结论、边际贡献和研究不足，提出未来可能的研究展望，以期为其他研究者在接下来的研究中提供帮助。研究展望要切合实际，且需要具有一定的创新点，不能随意提一些不可能完成的展望。

专栏2-9

结论和政策启示举例

随着新冠疫情冲击、逆全球化趋势以及世界经济复苏缓慢等国内外因素的影响，我国目前面临就业形势严峻、结构性就业矛盾突出等问题。企业作为稳就业和创造就业的主体，在促进经济可持续发展、积极履行社会责任中所展现出的ESG优势是否会提高企业就业水平、促进稳就业目标的实现？本文基于2011—2021年中国沪深两市A股上市公司的数据，从微观层面考察了ESG优势对就业的影响及作用机制。本文得出以下主要结论：ESG 优势显著提高了企业的就业水平。从劳动力需求维度和劳动力供给维度进行的机制检验表明，生产规模扩张效应、融资约束缓解效应、劳动力吸引效应是 ESG 优势提高企业就业水平的影响渠道。异质性检验表明，ESG 优势对中西部地区企业、劳动密集型企业和非重污染企业的就业水平提高作用更大。本文进一步研究了 ESG 优势对就业动态变化的影响，发现 ESG 优势通过提高就业创造能力和降低就业破坏的方式显著促进了企业就业净增长。本文还考察了 ESG 优势对企业就业技能结构的影响，发现 ESG 优势在更大程度上增加了企业对中高技能劳动力及与 ESG 活动密切相关岗位的劳动力的雇佣，促进了劳动力的有效配置，缓解了结构性就业矛盾。最后，本文研究了 ESG 分项对企业就业的影响，发现 ESG 中的社会责任因素对企业就业水平提升的作用最大。本文的研究结论具有重要的政策启示。新冠疫情、气候变化及环境污染问题的频繁出现，使得国内外各界对 ESG 的重视程度日益增加，ESG 成为推动企业践行新发展理念、实现可持续发展的重要力量。党的二十大报告提出，加快发展方式绿色转型，推动经济社会发展绿色化、低碳化是实现高质量发展的关键环节，同时还要深入推进环境污染防治，积极稳妥推进碳达峰、碳中和。目前，中国已进入高质量发展阶段，建立和完善符合中国国情的 ESG 体系有助于实现"双碳"目标和可持续发展。另外，ESG 的国际化进程加快，现已成为国际市场合作的重要内容，因此，加快推进 ESG 政策体系建设，不仅有助于推动全球可持续发展，构建人类命运共同体，还有利于中国对外贸易和对外投资的发展。本文研究揭示了 ESG 优势对于提高企业就业水平、促进就业净增长及优化就业技能结构的积极作用，证实了可持续发展的企业在促进稳就业、保民生、增强就业吸引力中的重要地位。这不仅对于进一步缓解就业难问题，实现更加充分、更高质量就业目标具有重要的政策启示，而且对于企业积极履行社会责任、推动中国高质量发展、助力国家实现"双碳"目标具有重要的政策意义。首先，在政策层面，中国应当加快健全 ESG 信息披露标准，完善 ESG 指标评价体系，以及鼓励企业践行 ESG 理念。在 ESG 信息披露方面，相关部门应当加快制定相关政策，从环境、社会及治理三个维度健全企业 ESG 报告披露的统一标准，提高 ESG 信息披露的质量，强化 ESG 的监管。在 ESG 指标评价体系方面，应当提高 ESG 评级的科学性和可靠性，学习借鉴国外先进的 ESG 指标评价方法，结合中国独特的发展模式，健全具有中国特色的 ESG 指标评价体系。在鼓励企业践行 ESG 理念方面，相关部门应当建立相关机制，鼓励企业保护环境，降低碳排放量，努力实现绿色低碳转型，并推动企业积极履行社会责任，提高公司治理水平。同时，在企业层面，无论是国际市场的驱动，还是中国提出的"双碳"目标，ESG 正在成为企业的主流共识。一方面，ESG 能够提高企业价值，有利于企业实现自身的可持续发展。本文的影响机制检验也证实了 ESG 优势能够促进企业生产规模扩张、缓解融资约束及吸引劳动力。另一方面，企业积极履行社会责任有助于社会民生建设，促进就业稳定，还有利于提升企业的品牌形象，助力企业长久发展。因此，企业应当加大对 ESG 的重视程度，将 ESG 融入企业的各个业务环节，强化企业的 ESG 理念，积极准确地披露企业的 ESG 信息。这对于进一步促进中国实现就业稳定、助力国家实现"双碳"目标及推动经济高质量发展具有重要的意义。

简要评论：这是一篇比较优秀的结论和政策启示。该部分第 1 句点出了文章的研究背景。在第 1 句的基础上，第 2 句引出了文章的研究意义。第 3 句说明了文章的研究内容。第 4~8 句比较详细地总结了文章的主要结论。从第 9 句开始指出文章的政策启示。最后一句进一步强调了文章的政策含义。

资料来源：毛其淋，王玥清. ESG 的就业效应研究：来自中国上市公司的证据[J]. 经济研究，2023，58（7）：86-103.

专栏2-10

结论和政策启示举例

本文对数字经济与出口贸易韧性之间的关系进行了系统探讨，虽然在一定程度上丰富了相关领域的研究，但仍存在需要完善的地方。首先，本文对于出口贸易韧性的衡量指标较为笼统，并未细化到各个经济体抵抗力、恢复力、适应力与转型力上，因此在未来研究中有必要对出口贸易韧性的指标进行深入优化，纳入更多符合经济发展现实的指标。其次，本文的研究主体是全球 47 个主要国家，虽然这些国家的经济体量有一定的说服力，但相对于全球国家或地区样本而言，研究对象有待完善，因此希望进一步研究可以扩大样本容量，扩大研究范围，增强论文研究结果的借鉴意义。最后，本文探讨了数字经济影响出口贸易韧性的创新能力机制与生产能力机制，需要在未来研究中继续思考数字经济是否还会通过其他路径影响出口贸易韧性。

资料来源：李凯杰，司宇，董丹丹. 数字经济发展提升了出口贸易韧性吗？——基于跨国面板数据的经验研究[J]. 云南财经大学学报，2024，40（2）：15-31.

专栏2-11

研究结论和摘要的对比举例

本专栏进一步以毛其淋和王玥清（2023）发表在《经济研究》上的论文《ESG的就业效应研究：来自中国上市公司的证据》为例，具体分析对比研究结论和摘要写法的差异。

就业是最大的民生，企业在促进经济可持续发展、积极履行社会责任中所展现出的ESG（环境、社会和公司治理）优势，能够成为提高就业水平、实现稳就业目标的新动力。本文从微观层面考察了ESG优势对就业的影响，发现ESG优势显著提高了企业的就业水平，其中ESG优势的就业提升效应对于中西部地区企业、劳动密集型企业和非重污染企业更为明显。本文从劳动力需求维度和劳动力供给维度进行了机制检验，发现生产规模扩张效应、融资约束缓解效应、劳动力吸引效应是ESG优势促进企业就业的重要渠道。从就业动态变化角度来看，ESG优势通过提高就业创造能力和降低就业破坏的方式促进了企业就业净增长。此外，本文还考察了ESG优势对企业就业技能结构的影响，发现ESG优势在更大程度上增加了企业对中高技能工人，以及与企业ESG活动密切相关的劳动力的雇佣，促进了劳动力资源的有效配置。最后，本文进一步研究了ESG分项对就业的影响，发现ESG中的社会责任因素对企业就业水平的提升作用最大。本文揭示了ESG优势对于提高企业就业水平和优化就业技能结构的积极作用，不仅证实了可持续发展的企业在促进稳就业、助力中国民生建设中的重要地位，而且对于企业积极履行社会责任，推动中国经济高质量发展，以及助力国家实现"双碳"目标也具有重要的政策意义。

简要评论：结合该文的主要研究结论（见专栏2-9），通过对比可以发现：第一，在研究意义上，摘要的研究意义更加简明扼要；第二，摘要中的主要研究结论相对于研究结论中的主要结论也更加简明，一句话就是一个结论；第三，在政策启示的撰写上，摘要中只是简单地提到了文章的现实意义和在政策方面的贡献，主要研究结论则是比较详细地提出了文章的政策启示。

资料来源：毛其淋，王玥清.ESG的就业效应研究：来自中国上市公司的证据[J]. 经济研究，2023，58（7）：86-103.

第三节　论文结尾的写作方法

论文的结尾主要包括参考文献、附录、致谢等内容。参考文献的写法详见

第三章"文献和文献综述"中的第三节"参考文献的标注"。本节主要对附录和致谢的写法做简要介绍。一般来说，作者更加关注正文的写作，但从读者的角度，特别是很多毕业论文的读者，在阅读论文的标题、摘要，了解论文的结构后，其往往会直接阅读毕业论文的附录和致谢，以了解毕业论文的写作过程。因此，论文的附录和致谢绝不是可有可无的存在，需要作者认真对待。

一、附录的写法

在正文的撰写过程中，往往需要对正文的部分内容做出必要的解释说明，这些内容一般包括图表、解释性文字、资料来源等。部分解释说明的文字，可以采用文中注释（脚注或尾注）的方式予以标注[1]。但是，有一些过于庞大的图表、资料来源等内容，如果放到正文中往往会喧宾夺主，影响读者对于正文的阅读。这些内容就需要放到附录之中。因此，附录的内容主要包括：资料来源或原始数据、大型的图表、行业标准、经济学公式推导等。

附录的撰写要求包括以下几点[2]。

第一，标题。附录的标题应清晰明确，以便读者能够快速了解附录内容。可以使用"附录""附录 A""附录 1"等方式进行标注。标题文字应与正文保持一致，使用相同的字体和字号。

第二，编号。每个附录都应有独立的编号，以便读者可以迅速定位所需信息。可以使用字母（A、B、C…）、数字（1、2、3…）或其他合适的符号进行编号。编号与标题之间应使用空格或者点号隔开，以增强可读性。

第三，表格和图表。在附录中引用的表格和图表应具备完整的编号和标题，并与正文中引用的表格和图表保持一致。表格和图表的格式应清晰、简洁，各项数据应准确无误地显示出来，以便读者理解和分析。

第四，公式推导。需要对数学公式给出比较详细的推导过程。

第五，附录中的内容要在正文中采用脚注的方式体现，以便读者查找。

二、致谢的写法

总体来说，致谢包括两种。

---

[1] 对于文中注释的写法，参见本书第四章第一节中的相关内容。
[2] 第一至第三点要求来自百度文库：学术论文中附录的格式要求及示例。

第一种是发表论文中的致谢，主要是对外审专家和在论文写作过程中给予过帮助但并不是文章作者的人员表示感谢，一般以脚注的方式出现在论文的第一页，表达方式类似于"感谢×××在论文写作过程中提供的……方面的帮助""感谢外审专家对本文提出的宝贵建议，作者文责自负"等。

第二种是毕业论文中的致谢，主要是对在论文撰写过程中对作者有过帮助的人员表示感谢。一般来说，其写法是：首先可以回顾一下自己的学习经历，其次重点写感谢导师的教导、各位老师的指导、同学的无私帮助，以及感谢家人等，重点写出感谢指导教师的相关内容。论文的致谢部分尽量控制在500~1 500字，并且也要注意致谢部分内容是否会重复的问题，不要抄袭网上的致谢部分，应该用原创话语写出独特的致谢内容。

第四节 案例分析类毕业论文的写作方法

部分应用型本科高校要求学生基于生产实践，发现生产实践中存在的问题，学生以相关理论为基础，采用案例分析的方法撰写毕业论文。因此，本节将简要介绍案例分析类经济学专业毕业论文的写作要点。

一、案例分析类毕业论文的基本要求

案例分析类毕业论文的基本要求如下。

第一，以相关理论为基础，发现实践中存在的问题，借助案例分析、调研报告等具体形式，研究、探索解决实践问题的方案。

第二，要求以问题为导向，具有一定的学术性、创新性和系统性。

第三，所选择的案例要真实存在，不能虚构案例。

第四，案例分析中使用的数据要真实，不能虚构数据。

二、案例分析类毕业论文的重点

案例分析类毕业论文的写作重点包括以下几个方面。

第一，选题不能过大，所研究的问题要有一定的代表性。案例分析类经济学专业毕业论文一般以某个企业作为分析对象，基于相关理论，具体分析其在生产实践过程中所面临的问题，因此要以小见大，并且所要研究的问题最好不

仅是该企业所特有的问题，而是同类型企业所共同面临的问题。

第二，数据真实。作为本科毕业论文，案例分析类论文的写作过程中往往存在无法找到相关数据的问题。因此，在写作之前，首先要考虑数据是否能够获得。如果是上市公司，有些数据是否可以使用，能否通过上市公司的财务报表、公开或非公开的信息披露来获得。如果是未上市企业，特别是一些中小企业，往往存在数据统计不规范等问题，那么，通过何种途径获得该企业的相关数据就成为研究的重点。需要注意的是，一定不能数据造假。

第三，不能出现理论分析和案例分析"两张皮"现象。案例分析要有一定的理论深度，就一定要基于相关理论进行分析。但在实践过程中，有些作者由于理论基础较差，虽然在论文中撰写了"理论基础"部分内容，但在案例分析过程中并没有使用相关理论对案例进行分析，出现理论分析和案例分析"两张皮"的现象，论文的理论性较差。

三、案例分析类毕业论文的基本格式和注意事项

作为毕业论文中的一种，案例分析类毕业论文首先要符合经济学论文的基本格式。作为应用型本科高校的毕业论文，案例分析类毕业论文更多的是以实践为导向，因此，其基本格式也与其他类型的经济学论文存在一定的差别。

第一，在引言、文献综述、概念界定和理论基础等方面，案例分析类毕业论文与其他类型的经济学毕业论文并无差别。引言主要包括研究背景、研究意义、研究方法、研究内容、技术路线、文献综述、对论文中主要涉及的相关概念做出界定、对相关理论进行论述等相关内容。

第二，对于案例分析类毕业论文，在分析案例存在的问题之前，需要基于企业的发展历程和相关数据，对所要研究的案例（企业）的基本情况作出简要介绍。介绍一般是以"××公司（企业）简介及发展趋势"作为标题，对该公司（企业）的基本情况，包括成立时间、行业背景及自成立以来主要财务指标的变化趋势进行分析，使读者对接下来所要分析的内容有基本的认识。

第三，在简要介绍该案例的基本情况后便进入案例分析的核心部分，可以以"××公司的……问题及原因（影响）"作为标题，具体分析该企业实际运营过程中存在的某一类问题和该问题产生的原因，以及对该企业带来的影响。在这部分需要注意：一是这类问题一定是该公司真实存在且应该具有一定的代表性，其他公司也或多或少也存在该问题；二是在分析过程中所使用的数据要真

实可靠，不能虚构数据；三是在分析过程中一定要基于前文的相关理论，以相关理论为基础进行分析，不能忽略理论。这既是文章理论性的体现，也是防止出现理论与所分析的问题"两张皮"现象的关键。

第四，对主要研究结论和对策建议问题，首先要注意的是，针对所提出的对策，由于只是针对某一公司，因此不能叫政策启示，只能称为对策建议；其次，所提出的对策建议，是为了解决该公司存在的论文中所分析的问题提出的，一定要基于论文的主要研究结论而提出，不能抛弃主要研究结论；最后，对策建议一定要切实可行，不能提出一些不切实际的对策建议。

第五节 开题报告

开题报告作为学位论文写作中的重要一环，是论文写作的前提，能否写好开题报告，直接关系到学位论文能否顺利完成。因此，本节将主要介绍开题报告写作的相关内容。

一、开题报告的目的

开题报告是学位论文写作的第一步，其目的是明确选题的重要性、创新性和可行性，明确完成学位论文的重点和难点是什么、学位论文的结构是什么、学位论文每一步如何实施。通过开题报告和开题答辩，作者与其他专家学者的交流能够在拟研究的问题的基础上将所要研究的问题进一步系统化、清晰化，有助于学位论文的顺利完成，这也是开题报告的主要目的。如果开题报告没有想清楚、写明白，那么在学位论文的写作过程中，作者就可能面临找不到创新点、在研究中遇到难点无法解决等问题，延缓学位论文的写作进度，甚至半途而废，重新换题目。所以，开题报告能否想仔细、写得好，是学位论文能否顺利完成的第一步。如果能够完成一份内容翔实、完整、可行的开题报告，那在后续学位论文写作过程中只需按部就班地将开题报告中的内容付诸行动就能完成学位论文的写作。

我们可以将开题报告看作是一张空白的中小学实验报告单。在中小学的实验报告单中往往需要填写实验的目的、方法、步骤，通过实验得到的结果。同样地，开题报告也需要写清楚在撰写学位论文时每一步应该如何做，可能的困难是什么，遇到这些困难如何解决。所以，本质上说，开题报告就是一份计划书或方案，方案越详细，成功的可能性就越大。所以，如果完成了一份合格的开题报告，那么到毕业论文写作阶段就可以按照开题报告中所设计的步骤进行相关工作了。所有工作结束后都应在每个步骤填上相应的数据，再把实验结果转化成通俗易懂的文字，这也正是开题报告的意义所在。

二、开题报告的主要内容

（一）选题的目的和意义

选题的目的主要是说明"你想研究什么"，选题的目的应具体、明确。选题的意义就是要解释"你为什么要研究这个问题"。一般来说，选题的意义涵盖理论意义和现实意义两个方面。理论意义涉及论文对扩展现有知识存量有何贡献，能否提高人类对未知世界的认识；现实意义涉及论文对于解决现实问题有什么样的作用，在经济学领域主要是基于论文所得到的结论和提出的政策启示如何解决现实社会中急需解决的问题。

（二）文献综述

文献综述首先包括国内外针对这一问题的研究现状，即国内学者与国外学者对这一问题是如何研究的。接下来对研究现状进行简单述评，总结前人研究的问题、使用的方法和主要结论，找出现有研究的不足之处。这个不足之处可视为论文的价值，也是可能的创新的来源[①]。

（三）创新之处

文章的创新之处应该以文献综述为基础。在梳理相关文献的基础上，基于现有研究的不足，找到现有研究有待改进之处。这个有待改进之处就是论文的创新之处。创新可以是视角的创新，就是以新视角来解释旧问题，但这个旧问题是现实存在的，而不是自己创造出来的；也可以是数据的创新，也就是使用新公布的数据；还可以是方法的创新，就是采用别人没有用过的研究方法；同样可以是理论创新，就是用新的理论来解释问题。需要注意的是，一篇文章的创新点一般不能超过 3 个，对于本科毕业论文，现在国内大多数高校不要求有创新点。

---

① 文献综述的写作，参见本书第二章第二节和第三章第二节的相关内容。

专栏2-12

开题报告中研究背景和研究意义举例

全球价值链（GVC）背景下，世界各国选择其具有比较优势的生产环节从事生产和贸易，促进了各国经济和对外贸易的发展。根据国际贸易学、劳动经济学和发展经济学中的相关理论，全球价值链在促进各国经济发展的同时，由于不同生产环节所使用的生产要素存在差异，因此也会对各国的生产要素分配产生影响。那么，作为全球价值链中重要一环的中国，融入全球价值链会对中国生产要素收入分配产生何种影响？这一问题的研究对未来中国选择采用何种方式方法来进一步融入全球生产体系，在确保中国尽可能多地获取全球化收益的同时降低其所带来的消极作用有着十分重要的价值。根据上述分析，本课题提炼主题如下：在全球价值链背景下，融入全球生产体系将如何影响中国资本、不同技术水平劳动者的要素收入分配。

本课题以参与全球价值链作为研究中国生产要素收入分配问题的切入点，采用多指标、多层次的研究方法，从全方位、系统性的研究视角对这一问题进行研究，研究的理论意义在于：一是全球价值链背景下，贸易方式和生产要素配置都发生了改变，通过研究可以验证现有国际贸易理论在全球价值链背景下的适用性问题；二是尝试扩展现有理论框架，丰富国际贸易学、劳动经济学和发展经济学中关于国际贸易对生产要素收入分配，特别是对发展中国家生产要素收入分配问题的理论框架。党的十八大报告和"十三五"规划都提出了要扩大对外开放和优化生产要素配置、减少收入差距等相关论断。在中国融入全球价值链程度日益加深的现实条件下，如何保证中国在充分利用参与全球价值链所带来利益的同时减少其对中国在要素收入分配上可能带来的消极影响就成了目前中国所面临的一个急需解决的现实问题。鉴于此，本课题的现实意义在于：将中国作为分析对象，通过对中国相关数据和案例的多角度、系统性分析，为未来中国制定对外贸易政策和要素分配政策提供理论依据和数据支撑，研究中所提出的对策建议可以为各级政府在制定对外贸易政策和要素收入分配政策时提供政策参考，这是本课题的现实意义。

资料来源：2016年教育部人文社科青年基金规划项目"参与全球价值链对中国生产要素收入分配的影响及对策研究"（16YJC790039）项目申报书。

（四）研究方法

在研究方法部分，一是要说明在论文中使用了哪些研究方法，二是要明确每种方法对应研究哪些问题。以下列举了几种重要的研究方法。

（1）文献分析法。通过对相关文献的归纳、分析，总结前人研究的方法和结论，为接下来的研究提供依据。

（2）比较分析法和系统分析法。系统分析法就是将各种信息作为一个系统来研究，将某一事物看成相互作用和相互依赖的各要素的组成部分，具有特定功能和结构并从属于更大系统（环境）的有机整体来研究，着重分析和把握系统的整体与部分、部分与部分、系统与环境的相互作用、相互制约关系，从中发现变化规律，为决策提供科学依据。比较分析法是通过横向对比（一事物与类似事物之间的对比）和纵向对比（一事物在一段时间内的对比）分析某一事物的变化。比较分析法和系统分析法往往会从结构的角度，基于对事物内部各要素组成比例的变化分析事物的发展趋势。

（3）计量分析法。采用计量经济学的相关方法，利用相关数据分析变量之间的因果关系，验证研究假说。

（4）数理分析法。采用数理经济学的相关方法，基于演绎法的基本范式，在一定假设条件下通过数学推导构建理论模型和理论框架，提出可经实证检验的研究假说。

（5）统计分析法。采用统计学的均值、变化率、极值、极差、标准差、异常值、相关系数等指标，分析某一变量或一组变量的变化特征。

（6）模拟分析法。根据已有数据分析当某一变量发生变化时，对某一感兴趣的变量的影响（局部均衡分析）或对所有其他变量的影响（一般均衡分析）。该方法一是既可用于对已发生事件的因果关系的分析，也可用于对未发生事件的预测，如两个国家之间在签订自由贸易协定之前，可以采用模拟分析法来具体分析两国签订自由贸易协定对经济产生的影响；二是可以作为验证研究假说的工具。

（7）案例分析法。通过针对某一案例进行细致的分析，得到基于该研究案例的结论，既可以用于发现新现象、新问题，也可以用于验证研究假说。但是，案例分析法往往需要对案例进行较为深入的分析，这样才能得到经得起检验的结论，并且案例分析法由于只是基于一个案例的分析，代表性相对较差，所得到的结论往往仅能代表特定的案例。

专栏2-13

开题报告中研究方法举例

本项目采用定性分析与定量分析相结合的研究方法,主要研究方法如下。

第一,系统分析法和比较分析法。通过查阅相关文献,从不同层次、不同角度系统分析参与全球价值链对中国出口绩效的影响机制,完善参与全球价值链对一国出口绩效的理论模型,在对这一问题进行探讨时,将运用系统分析法和比较分析法对不同层次不同主体间的差异进行比较。

第二,数理分析法。在探讨参与全球价值链一国出口绩效的影响机制时,需要采用数理分析法,通过扩展现有的理论模型、构建新的数理模型来分析其影响的理论机制。

第三,投入产出法。本文的主要数据来源之一是国家间非竞争型投入产出表,因此,投入产出法将是本研究的一个主要分析方法。

第四,计量分析方法。在实证研究参与全球价值链对中国出口绩效影响时,本文所使用的计量分析方法主要包括面板数据的固定效应、随机效应模型、面板数据的差分广义矩估计、系统广义矩估计、面板数据的工具变量法、倾向值分析、双重差分法、断点回归等。

资料来源:国家社会科学基金一般项目"全球价值链对中国出口绩效的影响机制研究"(18BJL099)项目申报书。

(五)研究路线

研究路线是经济学的基本范式,现代经济学研究的基本范式是:文献梳理—理论研究(梳理与论文研究相关的理论)—研究设计(提出理论假说)—现状研究—实证研究(包含计量经济学方法、案例分析、模拟分析等)—对策研究。

(六)研究内容

研究内容基于研究路线而来。在研究内容部分,要基于研究路线具体说明每一部分的主要任务。对于每一个研究内容,需要有与之对应的解释说明,还要包括在该研究内容中需要使用的研究方法。在研究内容部分,可以采用列提纲的方式，但提纲一定要在研究内容之后列出。论文提纲是根据主要研究内容而定的，也就是说，在主要研究内容确定之后才可以列出论文的提纲。一般来说，提纲要求列到二级标题及以下，最好不要列到四级标题①。

（七）实践方案

这一部分也叫作技术路线图，阐述你想采用什么步骤来撰写论文。这一部分最好以流程图的形式呈现，在图中可以清楚明了地写出每一个步骤需要什么。如果不采用流程图的形式，也可以采用如下形式：第一步……；第二步……；第三步……。

专栏2-14

开题报告中技术路线举例

本研究可以分为六个主要步骤。

第一步，通过对研究背景和相关文献的总结，提炼研究问题；

第二步，在相关文献的基础上，构建服务投入对一国参与全球价值链程度的理论模型，提出可经实证检验的理论假说；

第三步，采用不同指标，从不同层面，对中国参与全球价值链程度进行测算；

第四步，对中国货物贸易行业服务投入的变化情况进行分析；

第五步，基于以上四个步骤，采用计量经济学的相关方法，对服务投入对中国参与全球价值链的影响进行实证研究，并验证相关的理论假说；

第六步，结论和对策研究，总结研究中所得出的主要结论，并提出进一步促进中国服务业发展和融入全球价值链程度的对策建议。

资料来源：第62批博士后面上资助项目"服务投入对中国参与全球价值链的影响研究"（2017M622166）项目申报书。

（八）重点和难点

重点和难点，顾名思义，就是研究的重点是什么、可能遇到的研究难点是什么。一般来说，重点是同类事物中具有重大意义、价值、作用或深远影响的

---

① 依据实际情况，一般列到二级标题或三级标题即可。一是有些二级标题下不一定会有三级标题、四级标题；二是如果列到四级标题，有时会显得过于烦琐；三是列到四级标题及以下虽然会体现作者对于接下来的研究工作的较为清晰的认识，但也限制了作者在未来研究中的自主性。

部分，多与要解决的对象相关。研究的重点最多3~4个。研究重点过少会导致研究过于简单；研究重点过多会显得研究重点不突出。建议围绕研究对象构建框架，分层提炼，明确研究的核心问题，选出最为关键的3~4个问题，将其分条表达出来。严禁将研究重复一遍，将易得的结论列为重点。

研究的难点是指在研究过程中存在困难的，或是整个项目或总体框架中不易解决或研究起来很费时的，但是经过努力能克服并解决的问题。研究难点多与解决的方法相关，列出研究难点就一定要给出相应的解决方法，可采用分段分层提炼的方法寻找难点。

专栏2-15

开题报告中研究的重点和难点举例

拟突破的重点和难点。

1. 拟突破的重点。

（1）参与全球价值链对一国生产要素收入分配影响的理论模型的构建。由于理论模型是实证分析的基础，因此，如何构建一个既可以全面反映参与全球价值链对一国生产要素收入分配的影响，又可以得到实证检验的理论模型，将是本课题研究的第一个重点。

（2）对中国参与全球价值链程度的测算。本课题拟采用不同指标，从不同层次对中国参与全球价值链的程度进行测算，分析中国参与全球价值链的变化趋势，其测算结果的准确与否直接关系研究结果的可信程度。因此，能否对中国参与全球价值链的程度进行准确、客观、全面测算，将是本课题研究的第二个重点。

（3）选择合适的计量模型对参与全球价值链的中国生产要素收入分配进行实证检验。根据理论模型和相关数据的性质，能否找到合适的计量方法来验证理论模型所提出的理论假说，直接关系到本课题实证研究结果是否可信。因此，选择适合的计量模型对本课题所研究的内容进行实证检验，是本课题研究的第三个重点。

2. 可能面临的难点和解决途径。

（1）从行业层面分析加工贸易行业参与全球价值链的程度及对生产要素分配的影响时，需要采用可以反映加工贸易特征的非竞争型投入产出表，而现有投入产出表不区分一般贸易与加工贸易，对于这一难点，本文拟通过综合采用基于贸易方式的贸易统计法和分离直接消耗系数矩阵法进行测算。

（2）从企业层面分析参与全球价值链对生产要素分配的影响时，存在微观企业数据和国家间非竞争型投入产出数据之间统计口径不一致的问题，需要对原始数据进行调整和计算，构建适用于本课题研究的数据库。

资料来源：2016年教育部人文社科青年基金规划项目"参与全球价值链对中国生产要素收入分配的影响及对策研究"（16YJC790039）项目申报书。

（九）研究基础

研究基础这部分内容的目的，是评估作者是否有能力完成论文的撰写工作。这部分内容主要包括两个部分：一是论文作者在从事本项研究之前，做了哪些与撰写的论文相关的工作，如前期发表过哪些论文、从事过哪些与论文相关的研究等。近年来，如果所从事的研究仅仅与开题报告所要研究的内容相关，没有与之相关的前期研究成果，这就很难得到专家的认可。二是作者为了撰写论文准备了哪些材料，如数据、文献、相关软件等。

三、开题报告写作的细节

第一，开题报告的目的是让作者想清楚在学位论文写作过程中每一步需要做什么、如何做，开题报告写得越清楚，学位论文的写作越顺利。如果能完成一份优秀的开题报告，那么在学位论文写作阶段，将开题报告中的设想付诸实施、将相关内容填进开题报告设计的结构框架中即可基本完成毕业论文的写作。

第二，在研究内容部分，如果只列出论文提纲，作为本科毕业论文，这么做是可以的。但作为研究生学位论文，如果只列出提纲，很难让专家了解作者在接下来的研究中所要完成的内容，以及各部分研究内容之间的关系。因此，作为研究生学位论文的开题报告，一定不能只列提纲。

第三，学位论文的开题环节是咨询，而不是答辩。开题答辩，是在作者完成开题报告后，交给相关专家，对开题报告进行论证，论证的重点就是开题报告中的内容是否详细、可行，目的是让作者能够更好地完善学位论文的写作计划、明确学位论文写作中可能遇到的困难及解决方案。在这一过程中，学位论文作者通过和专家之间的交流，对学位论文的写作细节进行细化。因此，学位论文的开题环节是咨询，而不是答辩。

专栏2-16

技术路线图写作方法举例

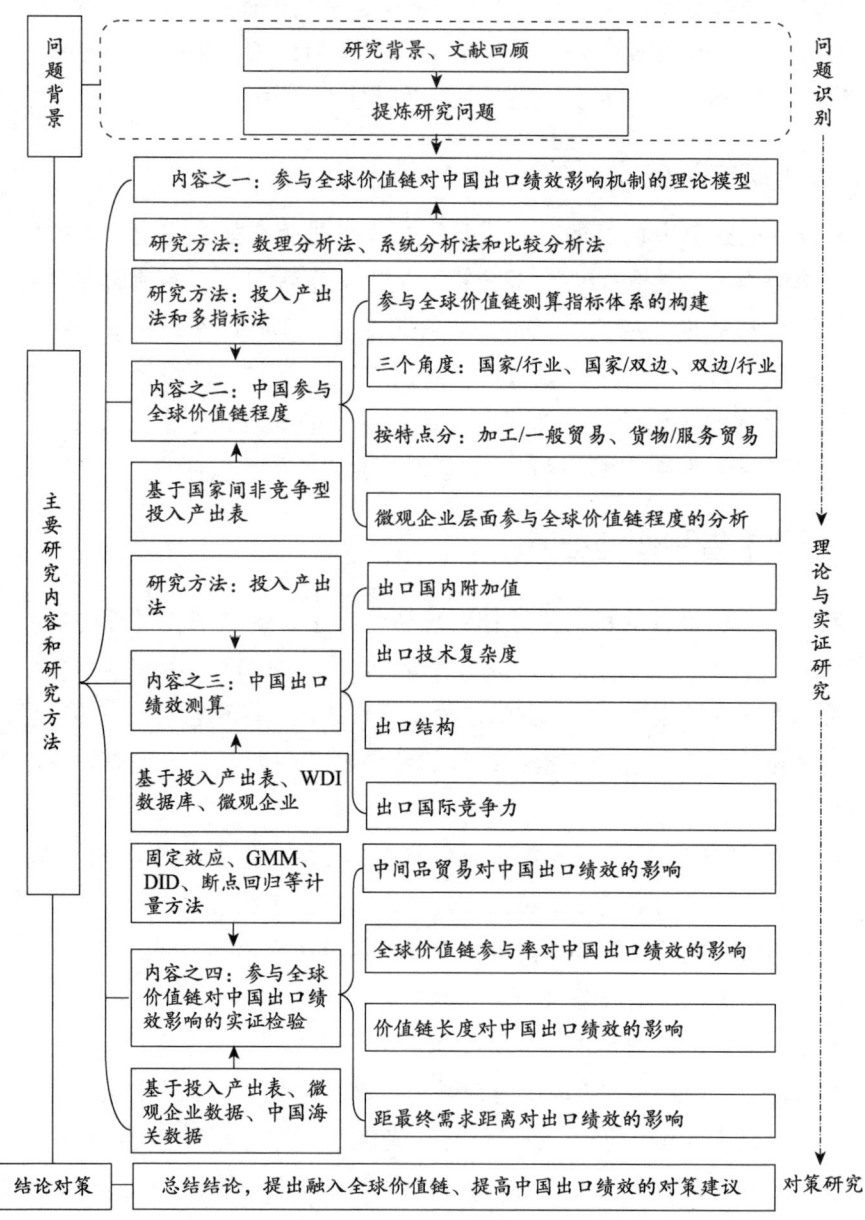

```
问题背景 ──→ ┌─ 研究背景、文献回顾 ─┐         问题识别
             └─ 提炼研究问题 ─────┘

主要研究内容和研究方法：

内容之一：参与全球价值链对中国出口绩效影响机制的理论模型
    研究方法：数理分析法、系统分析法和比较分析法

研究方法：投入产出法和多指标法
内容之二：中国参与全球价值链程度
    ├─ 参与全球价值链测算指标体系的构建
    ├─ 三个角度：国家/行业、国家/双边、双边/行业
    ├─ 按特点分：加工/一般贸易、货物/服务贸易
    └─ 微观企业层面参与全球价值链程度的分析
基于国家间非竞争型投入产出表

研究方法：投入产出法
内容之三：中国出口绩效测算
    ├─ 出口国内附加值
    ├─ 出口技术复杂度
    ├─ 出口结构
    └─ 出口国际竞争力
基于投入产出表、WDI数据库、微观企业

固定效应、GMM、DID、断点回归等计量方法
内容之四：参与全球价值链对中国出口绩效影响的实证检验
    ├─ 中间品贸易对中国出口绩效的影响
    ├─ 全球价值链参与率对中国出口绩效的影响
    ├─ 价值链长度对中国出口绩效的影响
    └─ 距最终需求距离对中国出口绩效的影响
基于投入产出表、微观企业数据、中国海关数据

结论对策：总结结论，提出融入全球价值链、提高中国出口绩效的对策建议    对策研究
```

资料来源：国家社会科学基金一般项目"全球价值链对中国出口绩效的影响机制研究"（18BJL099）项目申报书。

第六节 本章小结

本章简要介绍了论文前置部分、正文部分和结尾部分的写法，重点关注各部分的写作要领。在此基础上，本章介绍了基于案例分析的经济学专业毕业论文的写作要点和开题报告撰写需要注意的问题。需要注意的是，虽然目前经济学专业论文写作对于各部分内容均有明确的要求，但在具体的写作过程中并不一定要完全包含所有部分内容，可以依据写作实际情况做出适当增减。最为关键的是，始终牢记各部分内容与论文主题之间的关系，围绕论文的主题设计各部分的写作内容，使各部分成为一个整体。

思考题

1. 经济学论文摘要的目的是什么？
2. 经济学论文的引言如何撰写？
3. 经济学论文的正文包括哪些内容？
4. 研究设计中包括哪些方法？
5. 如何撰写经济学论文的主要研究结论？
6. 经济学实证论文中，研究设计和研究假说的关系是什么？
7. 经济学论文中的附录包括哪些内容？
8. 案例分析类毕业论文与其他类型论文有何区别？
9. 案例分析类毕业论文的写作重点是什么？
10. 撰写开题报告的意义是什么？
11. 如何在开题报告中撰写研究内容？
12. 从《中国社会科学》《经济研究》《世界经济》《经济学季刊》《中国工业经济》这 5 本刊物中，找一篇经济学论文，具体分析论文中各部分是如何服务于论文研究主题和研究内容的。

即测即练

自学自测　扫描此码

第三章

文献和文献综述

文献是经济学研究的基础。文献和数据、方法一样重要，甚至其重要性远大于数据和方法。无论是来源于现实的经济学研究，还是来源于文献的经济学研究，均需要以文献作为基础。不阅读足够数量的文献就不可能知道此前的研究是什么、有什么方法和数据是可以借鉴的、现有研究有哪些不足、哪些问题是值得深入研究的、论文的创新点是什么。因此，文献是经济学论文写作过程的第一关，也是必须过的一关。过不了文献这一关，没有足够的文献阅读量，就不可能写出合格的论文。文献综述是文献阅读的自然延伸，是在阅读足够的文献后，经过对文献的总结，自然而然得到的。在这一过程中，文献阅读是基础，逻辑框架是核心，对文献的去伪存真是手段，文献评述是精髓。

本章将重点介绍文献的搜集和阅读，以及文献综述撰写上需要注意的问题。

第一节 文献的搜集和阅读

总的来说，阅读文献的目的，是通过阅读文献找到文献中可以借鉴的地方和文献中存在的不足，为自己的研究提供思路。通过阅读文献，作者可以了解以下问题。第一，文献研究了什么问题；第二，文献用了哪些方法；第三，文献的研究机制和研究假设是什么；第四，文献的数据从哪里来；第五，文献的研究结论是什么；第六，文献的创新点是什么，弥补了此前研究的哪些不足。基于这些问题，我们可以知道，文献中的哪些内容是可以借鉴的，还有哪些方面是可以继续深入研究的。如果文献中的结论和自己的直觉有差异的话，可以采用何种方法、什么数据集反驳文献中的观点，从而找到自己的创新点。

一、阅读文献

在阅读文献的过程中，第一步就是要考虑挑选哪些文献阅读。文献阅读的质量直接决定可以从文献中学到多少知识，也决定了接下来所撰写的论文可能达到的层次。可以说，文献的质量越高，论文的质量也越好。南开大学盛斌教授给出文献的"科学性"指数排序，在这个排序中，"科学性"指数较高的是需要重点进行挑选并阅读的，文献的"科学性"指数排序如表 3-1 所示。

表 3-1 文献的"科学性"指数排序

文献的类型	"科学性"排序
专业学术杂志发表的论文	★★★★★
公开出版的学术著作	★★★★
发表的工作论文	★★★★
国际组织的研究报告	★★★★
政府和行业协会的研究报告	★★★
非专业性"严肃"杂志刊发布的报告	★★
报纸及新闻杂志新闻	★
门户网站新闻	★
微信公众号中的新闻	★
利益集团的出版物	★
其他大众出版物	

资料来源：根据盛斌教授在南开大学博士研究生"经济学研究方法论"授课 PPT 中的内容整理而得，略有修改。

接下来具体分析表 3-1 中的文献"科学性"指数排序。

专业杂志发表的论文科学性指数最高。这里所说的专业杂志是指存在"三审制"的期刊。所谓的"三审制"，是指一篇论文从投稿到发表，需要经过至少三个阶段的审核。第一阶段是初审。当你想发表一篇论文，把这篇论文投到期望发表的杂志社后，杂志社做的第一件事情是由编辑对你的论文进行初审。初审的目的主要是判断论文题目是不是当前的研究热点、论文和杂志风格是否相符、格式是否规范、是否存在政治错误、是否符合杂志在其他方面对于论文的要求等。但由于编辑往往更精于编辑业务，对于论文的质量可能无法从专业角度予以评价，此时就需要有专业人士对论文的质量进行审核，即论文审核的第二阶段——外审。外审往往由行业内的专业人士对论文的质量、使用方法、创新点等做出评价。为了保证外审的客观性，外审环节采用双向匿名评审，即外审专家和作者均不知道对方的姓名，这样可以尽量保证外审专家给出的外审意见客观公正。外审意见一般会给出"退稿""修改后再审""仅做技术性修改即可刊出""刊出"等几个级别的评价。此外，外审专家无论给出何种评价，一般都会给出相应的外审意见[①]。由于单个外审专家的外审意见有一定的主观性，因此一篇论文的外审往往会有 2～3 名匿名外审专家，如果外审专家的意见不一致，一般会再找一名外审专家对论文做出评审。一般而言，外审环节会要进行 2～3 轮，即论文往往会修改 2～3 遍才能满足外审专家的要求。外审结束还会有终审环节，往往是编辑部成员，包括主编、副主编、责任编辑一起讨论经过外审修改后论文的质量。编辑部成员会对提交讨论的论文提出问题，由责任编辑负责回答，以决定论文是否最终录用。一般情况下，初审环节通常会拒稿90%的论文，外审环节会拒稿剩余 10%论文中的一半，终审环节会拒稿剩下论文中的 10%～20%，也就是说，最多只有 4%～4.5%的投稿论文能够最终发表[②]。正是由于这种严格的论文"三审"制度，论文的质量和科学性才得到保证。

公开出版的学术著作、发表的工作论文和国际组织的研究报告，排在文献"科学性"排序的第二个级别，为四颗星。公开出版的学术著作大多基于各种基金项目或者博士毕业论文，都有着比较严格的外审制度，特别是基于博士毕业论文出版的学术著作。由于目前国家对博士毕业论文的要求比较严格，有着可以与专业杂志发表相媲美的外审制度，因此其科学性是有保证的。工作论文是指没有发表，只是把论文放到网上供其他学者评价的论文。美国国家经济研究局（NBER）、世界贸易组织（WTO）、国际货币基金组织（IMF）、世界银行（World Bank）、经济合作与发展组织（OECD）、联合国贸易和发展会议（UNCTAD）等国际组织都会在官网上刊出一些工作论文，国内部分高校的学者也会将其待发表的论文放到网上供其他学者评价。虽然这些论文没有被发表，但是论文质量是有保证的。国际组织的研究报告也属于四星。WTO、IMF、

[①] 虽然外审专家会对每一篇论文给出外审意见，但对于退稿的论文，部分杂志社出于各种原因，不会将退稿意见反馈给作者。如果希望能够看到外审意见，就需要主动联系杂志社。即使给出的外审意见是"退稿"，根据外审意见做进一步修改也有助于提升论文的质量。

[②] 这一录用比例是 2015 年前后基于人大经济论坛中的相关讨论估计出的 CSSCI 级别期刊的录用比例，随着经济学研究水平的提高，现阶段录用比例可能更低。

UNCTAD、OECD、世界银行每年都会不定期地发表一些研究报告，对国际上一些比较重要的经济事件做出分析、解读，这些研究报告往往都是由国际顶尖学者来完成的，具有一定的前瞻性，质量也是有保证的。

相对于专业杂志发表的论文、公开出版的学术著作、发表的工作论文和国际组织的研究报告，政府和行业协会的研究报告科学性相对要低一些，为三颗星。政府的研究报告，指的是中国的一些部委、地方政府或行业协会发表的研究报告，如《×××白皮书》等。这些报告一般是对国际、国内的一些重要经济事件做出分析。总的来说，中央级别的研究报告更加客观，报告撰写人无论在学术水平还是对问题的了解程度方面都更高，因此，科学性也更高。但一些地方政府发表的研究报告受制于研究人员的能力，其科学性和质量往往参差不齐。

非专业性"严肃"杂志也会出一些分析报告和调查报告等，虽然这些报告基于大量事实完成，但由于不是由专业的学者完成的，其质量往往相对较差，因此，给予两颗星的评价。

对于报纸及新闻杂志新闻、门户网站新闻、微信公众号中的新闻、利益集团的出版物，虽然内容具有一定的可读性，部分数据可以借鉴，但由于作者撰写这些新闻的一个重要目的是吸引关注，因此往往不会完全基于经济学理论来比较客观地分析问题，这也导致了其科学性更差，只有一颗星。比如，美国存在大量蓝领失业现象，在部分美国记者眼里，美国蓝领失业的原因是中国抢走了美国的就业机会，但在经济学家的眼中，这一问题更多是由于技术进步导致之前大量由人来做的工作被机器替代。由于使用新技术的往往是知识水平更高的高学历从业者，直接导致大量文化水平不高的较低学历从业者的工作岗位被机器替代。因此，对这一问题，从经济学的角度，就有两种并不矛盾的解释。一个是技术进步导致机器取代大量低技术水平劳动者从事的工作，另一个是发展中国家大量低工资工人抢走了大量美国蓝领工人的机会。如果你是财经记者，你会选择哪种说法来激起美国蓝领的愤怒，引起他们的共鸣？利益集团的出版物一般会写对自己有利的内容，对自己不利的内容往往会选择性地忽略。

对于其他大众出版物，其内容更注重故事性，不需要有着严谨的科学态度，目的是作为读者茶余饭后的消遣，而不是研究。因此，对研究者而言，大众出版物对于经济学研究的作用可以忽略不计，其科学性基本不存在。在论文写作过程中也完全没有必要借鉴其他大众出版物的内容。

需要特别指出的是，由于文献的质量往往决定了论文的写作质量，因此一篇论文所引用的文献直接决定了作者对于该篇论文科学性的评价。因此，在论文阅读和引用过程中，需要更多地引用科学性较高的文献，少引用或不引用科学性较低的文献，特别是一颗星及以下的文献，除非具有特殊参考价值，否则一般不建议列入参考文献之中[①]。

二、文献的检索

能否检索到合适的文献，是文献阅读的前提。文献的检索，一般有以下几种方法。

（一）图书馆（含微型胶卷）

图书馆查阅纸质文献，是传统查阅文献主要的方法之一。去图书馆查阅文献，主要是查阅图书、杂志、纸质统计年鉴、胶片和历史资料。对于图书的查阅有三种方法：一是有目的地查阅图书；二是浏览书架，看到感兴趣的图书再去借阅；三是查找孤本文献或是年代较为久远的图书资料，这些资料往往在网上不易查找，只能利用图书馆的资源。对于查阅纸质论文，主要是关注最新的期刊，因为有些杂志涉及版权问题，不会将最新的期刊论文上传到网上，这时就需要查找纸质版的期刊。此外，在图书馆还可以查阅到一些历史数据、资料等，这些资料同样没有相应的电子版本，只能去图书馆复印或摘抄。因此，虽然当前线上资源较为丰富，但利用图书馆查找纸质图书资料，仍是文献检索的主要途径之一，特别是对于历史较为久远的文献，更是最重要的方法。

（二）网络资源

随着信息化程度的加深，利用互联网查找文献，已成为文献检索最主要的方式。网络资源有以下几种。

第一，专业网络文献数据库，如中国知网、重庆维普、万方、Elsevier ScienceDirect、JSTOR、Springer、Wiley Online Library、谷歌学术等，这些网络数据库，集中收集了大量的书籍、论文可供读者检索。其优点是，可以利用

---

① "科学性"指数为一颗星的文献，如报纸及新闻杂志，作者往往需要引用其中一些数字来论证自己的观点，在这种情况下，可以采用脚注的方式对报纸及新闻杂志进行引用，而不必在参考文献中体现。

关键词、作者、题目、文献来源等进行检索，节省了大量的时间成本；缺点方面：一是受制于版权问题，有些网络数据库无法检索到最新的研究成果。二是大多数网络数据库为付费数据库，无法免费获取相关的文献。三是往往需要利用关键词进行检索，目的性较强，无法获得一些意料之外的发现。

第二，期刊网站。期刊网站大多提供了最新出版的期刊的目录、摘要，可供读者查阅，部分期刊网站还提供了文献、数据、附录、程序的下载等服务，随着智能手机的普及，大多数国内期刊通过微信公众号定期发布本刊物最新发表的论文，可供读者更方便地查阅最新文献。通过期刊网站查阅论文的优势在于，可以查阅到期刊最新发表的论文及相关附件；缺点在于，往往只能查阅到某一个期刊的最新文献。

第三，出版社官方网站。目前绝大多数出版社均开通了网站和微信公众号，可以查阅到出版社所出版的相关图书的信息。优点是，相对于书店和图书馆，出版社官方网站提供了出版社出版的图书信息，因此，检索相关图书的时间成本较低。缺点方面：一是有些图书即使在出版社官方网站上有显示，但如果想查阅图书的具体内容，或者购买纸质版图书仍需要一段时间；二是仅能查到该出版社出版的图书信息，无法查阅其他出版社出版图书的信息。

第四，网上购物平台。随着互联网技术的普及，网上购物平台已成为购买图书的最重要的途径之一。通过网上购物平台购买图书，优点是快捷、便利，大数据还可以根据读者的检索偏好提供与读者密切相关的图书信息；缺点是，由于网上购物需要先进行检索，无法像在实体店购买图书一样，可以浏览书架，这就可能错过一些感兴趣的图书，加之网上购买图书，仅能看到图书的基本信息，如作者、出版社、出版时间、内容摘要等，无法浏览图书的具体内容，导致可能买到一些并不重要的图书。

第五，微信公众号和手机 App。近年来，随着自媒体的兴起，越来越多的专家、学者开设了公众号，这些公众号往往会刊登一些经济学研究方法、论文等文章，读者可以根据需要，选择和自身研究相关的内容进行学习。还有一些手机 App，通过订阅的方式，按时提供用户感兴趣领域的最新文献。微信公众号和手机 App 的优势是，可以随时阅读，方便快捷；而缺点是，微信公众号和手机 App 往往不提供原始文献的全部内容，只提供题目和摘要，需要按图索骥，根据公众号提供的文献来源阅读原文。

（三）论文中的参考文献和引用文献

无论是中文文献数据库，还是外文文献数据库，当搜索到一篇论文后，数据库均提供了"参考文献（该篇论文引用的文献）"和"引用文献（其他作者引用该篇论文的文献）"等相关内容，读者可以根据需要，查找到与该篇论文相关的文献，从而形成基于该篇文献，贯穿文献上游（参考文献）和下游（引用文献）的"文献价值链"。使用论文中的"参考文献"和"引用文献"作为文献检索方式的优势是，可以通过一篇论文检索出与之相关的一系列论文，避免了使用主题、关键词等查找出与研究主题不相关的文献的问题。由于通过论文中的"参考文献"查找文献，存在所查找到的文献较为陈旧的问题，因此，在实际应用中，应同时使用"参考文献"和"引用文献"来查找相关论文。

（四）专业书店

随着电商网购的兴起，专业书店在文献检索中的作用日趋下降，但不能否认的是，在专业书店查阅相关书籍时，能够有充裕的时间去随意查找一些自己感兴趣的书，因为有时只有看到了才知道自己需要什么书籍。因此，如果有时间，还是建议大家去专业书店，一是感受书店的氛围，二是查找自己感兴趣的书籍。

（五）个人主页

一些学者会在其个人主页上公布自己的研究成果，还有一些学者会把自己最新的工作论文放到个人主页上，这就为读者通过学者的个人主页查找相关文献提供了可能。通过个人主页虽然能够精准查到某一位学者的文献，但是有些学者的个人主页更新较慢，可能无法查到他的最新文献。

（六）网络社交媒体

部分学者会将自己发表的最新文章或感兴趣的文献，发表或分享到网络社交媒体上，在中国，主要是发表在如 QQ 空间、微信朋友圈等。通过浏览学者的网络社交媒体，能够发现一些平时不被关注的文献。通过网络社交媒体查找文献的优势是，有些学者习惯将自己发表的最新文献发表在网络社交媒体中，因此，通过这一途径能够查找到最新的文献。缺点是：首先这些文献往往只有题目和摘要，全文需要自行下载；其次通过该途径查找文献的效率往往取决于个人的社交网络的宽度。如果个人社交网络较窄，通过网络社交媒体查找文献的效率也会随之下降。因此，使用这种方式查找文献，虽然简单快捷，但只能作为查找文献的一个补充方式，不能将其作为主要方式。

基于上述分析，参照表 3-1，本文按照文献检索的重要性、适用性，对文献检索方式进行评价，评价结果如表 3-2 所示。

表 3-2　文献检索整体评价排序

文献检索方式	重要性	适用性	总 体
专业网络文献数据库	★★★★★	★★★★★	★★★★★
论文中的参考文献和引用文献	★★★★★	★★★★	★★★★★
图书馆	★★★★★	★★★★	★★★★
期刊网站	★★★★	★★★★	★★★★
微信公众号和手机 App	★★★★	★★★★	★★★★
网上购物平台	★★★	★★★★	★★★★
出版社官方网站	★★★	★★★	★★★
专业书店	★★★	★★★	★★★
个人主页	★★★	★★	★★
网络社交媒体	★★	★★	★★

资料来源：作者自制。

三、文献的评判

读者找到文献后，为了提高文献阅读效率，首先就需要对文献作出评判，以确定文献的质量，以及是否适用于读者接下来的研究工作。那么，如何判断一篇文献的质量，主要包括以下几种方法。

文献评判的第一条标准是文献的引用率。一般而言，文献的引用率越高，代表文献被越多的学者认可，其质量也相对较高。对论文而言，专业网络文献数据库中提供的"被引"一项即体现了该篇论文被其他论文所引用的情况，可以作为论文质量评判的一个重要标准。

文献评判的第二条标准是文献的来源。总的来看，好的出版社、好的期刊出版或发表的文献的质量较高。对于什么是好的出版社、好的期刊，虽然其评判标准带有一定的主观性，但大致会有一个标准。如在学术专著方面，国家级出版社优于省级出版社和专业出版社，"985"高校出版社优于其他高校出版社等；在学术期刊方面，在英文刊物中，中科院分区、JCR 或 SSCI 一区的期刊优于相应分类标准中二区、三区、四区的期刊[①]；中文学术期刊中，中文社会科学引文索引（南大核心，CSSCI）期刊优于中文社会科学引文索引，扩展版（CSSCI 扩展版）期刊优于仅为中文核心期刊要目总览（北大核心）的期刊，北大核心优于普通期刊等[②]。

文献评判的第三条标准是文献的作者。某一领域知名专家学者所撰写的文献，往往更能从整体上把握该领域的前沿理论，研究更有前瞻性、更有深度。因此，可以将文献的作者作为评判文献质量的标准之一，但这一标准需要辅助其他标准一起衡量，不能一概而论地仅以作者的知名度作为依据。

文献评判的第四条标准是文献的年代。在选择文献时尽可能选择近几年发表的一些新文献，因为新文献往往更关注现实经济中的新问题、热点问题。对于一些年代较为久远的文献，虽然存在一些经典文献，但需要结合引用率来评判。

文献评判的第五条标准是文献中的参考文献。如果文献中的参考文献均为较新的文献、发表在较高级别刊物上的文献、引用次数较高的文献、历史上的经典文献，那么，在一定程度上就可以认为该文献的质量较高。

表 3-3 给出了文献评判标准的排序，可以在一定程度上帮助读者评判文献的优劣。需要指出的是，在实际应用中，不能仅仅凭借一条标准来评判文献的质量，需要同时采用多条标准，这样才能保证文献评判的客观性。

[①] 中科院分区将 JCR 中所有期刊分为 18 个大类，每个学科分类按照期刊的 3 年平均影响因子高低分为四个区。JCR 将收录期刊分为 176 个不同学科类别，每个学科分类按期刊的影响因子高低平均分为 Q1、Q2、Q3 和 Q4 四个区。SSCI 是《社会科学引文索引》（*Social Sciences Citation Index*，SSCI），为美国科学情报研究所建立的综合性社科文献数据库，涉及经济、法律、管理、心理学、区域研究、社会学、信息科学等。收录 50 个语种的 1 700 多种重要的国际性期刊。

[②] 中文社会科学引文索引（Chinese Social Sciences Citation Index，简称 CSSCI 或南大核心）是由南京大学中国社会科学研究评价中心开发研制的数据库，用来检索中文社会科学领域的论文收录和文献引用情况，遵循文献计量学规律，采取定量与定性评价相结合的方法，从全国 2 700 余种中文人文社会科学学术性期刊中精选出学术性强、编辑规范的期刊作为来源期刊，每两年出版一次，收录包括法学、管理学、经济学、历史学、政治学等在内的 25 个大类，500 多种学术期刊。中文核心期刊要目总览（简称北大核心）由北京大学图书馆组织专家评选，每三年出版一次，选作评价指标统计源的数据库及文摘刊物达 80 余种，不仅涉及人文社会科学刊物，还包括理工农医类刊物，入选北大核心的人文社会科学刊物数量更多。因此，一般认为同时入选南大核心和北大核心的刊物要优于仅入选北大核心的刊物。

表 3-3　文献评判标准排序

文献质量的评判标准	排　　序
文献的引用率	★★★★
文献中的参考文献	★★★★
文献的来源	★★★★
文献的作者	★★★
文献的年代	★★★

资料来源：作者自制。

四、文献的阅读

作为研究的一部分，检索、阅读文献，是为了找到与研究密切相关的内容，因此，文献的阅读应处于文献的中心环节，要始终牢记文献与研究之间的关系。

（一）文献阅读的原则

文献的阅读一般要遵循以下原则[①]。

（1）从最新的文献开始阅读。最新的文献，一是反映了最新的研究成果，这些研究成果包含了以往研究成果的精髓，能够使读者较为迅速地接触到学术研究的前沿；二是最新的文献往往关注的是最新的问题。这些问题，一般来说，也是亟须解决的问题，具有更重要的现实意义。

（2）注意先选择较权威的文献阅读。权威文献往往具有较高的站位，对前沿问题有较为深刻的把握，能够让读者快速掌握所要研究内容的核心。

（3）建议从综述性的文献评述读起。综述性的文献，通常会在整体上比较系统地介绍该领域的研究脉络、研究现状和可能的创新之处，有助于初学者快速地对该领域的相关问题有一个整体的把握，从而更好地从事接下来的研究工作。

（4）先鉴别价值再阅读。随着互联网技术的发展，我们能够更便捷地检索到相关文献。如果所有文献都读，必然会浪费大量的时间和精力，因此，在阅读文献时就需要先鉴别文献的价值，尽量阅读最有价值的文献，以提高文献阅读的效率。

（5）牢记文献与研究的相关性。阅读文献的目的是为我们的研究兴趣提供

---

① 文献阅读的原则主要来自盛斌教授在南开大学博士研究生"经济学研究方法论"授课 PPT 中的内容，略有修改。

基础和依据。因此，在阅读文献过程中，要牢记文献与研究的相关性，多读、精读与研究密切相关的文献，少读与研究相关性较差的文献。但少读不意味着不读，因为通过阅读一些与研究相关性较差的文献，特别是在阅读一些其他学科的文献的过程中，我们可能会受到一些启发，或者寻找一些其他领域的方法用于所要从事的研究之中，从而提高研究的效率和创新性。

（6）阅读与搜集过程交替进行。阅读文献和搜集文献都需要付出时间和精力，二者存在一定的替代关系。一般情况下有两种方法，一种方法是集中时间搜集大量文献，然后集中时间阅读，但这样做若存在一些预料之外的事情，可能会导致搜集的文献没有全部阅读。另一种方法是每次仅搜集少数文献，在全部阅读后，再继续搜集其他文献，这种方法能够保证文献阅读的效率。因此，建议文献的阅读与搜集过程交替进行。

（7）精读与"跳跃式"阅读交替进行。大多数文献只需略读或"跳跃式"阅读，只有少数与研究关系特别密切的文献才需要精读。因此，在阅读文献过程中，精读与"跳跃式"阅读要交替进行，以提高文献阅读的效率。

（8）阅读、质疑与思考。阅读文献的目的是从中学习可以应用于研究的内容，这要求我们批判式阅读，一方面要学习文献中的内容，另一方面也要质疑文献，找到文献的不足之处和可能的创新之处。要时刻牢记，在大多数情况下，阅读文献是为了给自己的论点找论据，而不是为了让自己的研究证实已有文献的正确性。

（二）文献阅读的方法

（1）注重题目和摘要。一篇文献的题目体现了文章的边际贡献。通过文献题目，我们基本上就可以知道文献是否与研究相关；通过看论文摘要，就可以知道文章的研究意义、研究内容、结论和边际贡献。因此，对大多数文献而言，要多看文献的题目和摘要，了解文献的内容和边际贡献即可，只有少数文献才需要看全文。注重题目和摘要，了解文献的主要内容，可以提高文献阅读效率。

（2）多数文献略读，少数文献精读。一般而言，一篇经济学学术论文需要实际引用的文献在 30～50 篇，需要阅读的文献在 80～120 篇；一篇经济学本科毕业论文实际引用的文献在 30 篇左右，需要阅读的文献在 60～80 篇；一篇经济学硕士毕业论文实际引用的文献在 40～80 篇，需要阅读的文献在 100～150 篇；一篇经济学博士毕业论文实际引用的文献为 100～250 篇，需要阅读的文献在 300~700 篇[①]；如果从事经济学研究工作，每年至少需要阅读 300 篇文献。对于如此巨大的文献阅读量，如果每篇文献均需要精读，仔细研究文献中的每一个字，这显然是不现实的。这就需要在文献阅读过程中做到多数文献略读，少数文献精读。对于多数文献，只需要在简单浏览题目、摘要后，通过浏览文献结构了解文献框架，并通过浏览引言、图表等内容知道文献研究了什么问题，用了哪些方法，数据从哪儿来，如何处理技术性问题等，这样一般就能掌握大部分文献的主要内容。只有极少数文献需要进行精读。除了需要知道上述内容外，还需要理解数学推导过程、学习文字表述、掌握写作技巧，甚至需要弄清楚文献中每一个字的含义。通常情况下，真正需要精读的文献只占到全部阅读文献的十分之一左右。

（3）阅读文献一定要做笔记。俗话说，"好记性不如烂笔头"。绝大多数人没有过目不忘的能力，那么，对于阅读过的文献，就需要通过做笔记、复习的方式，加深对文献的理解和记忆。做笔记的方式包括卡片、读书笔记或札记、眉批或批注、"引黄"或"贴黄"、关键段落摘录等。对于电子版文献，可以用编辑器标亮或改变文字颜色等方式对文献做出标记。此外，现在还有一系列文献管理软件，如 Endnote、Zotero、NoteExpress 等，可以比较便捷地管理阅读过的文献，提高文献阅读效率。需要指出的是，无论使用哪种做笔记的方式，都应知道：一是其根本目的是让读者在一段时间后，能够准确了解、使用阅读过文献的主要内容，看文献和做笔记都是为了应用；二是没有一个适用于所有人的做笔记的方法，因此需要在阅读文献做笔记的过程中，找到最适合自己和自己最熟悉的做笔记的方式。

（4）集中时间阅读文献。看文献的时间越集中，越容易集中精力，也越容易将不同的文献联系起来，形成整体印象；反之，看文献的时间越分散，越不容易集中精力。因此，建议根据实际情况，每天固定一段时间，尽量不受打扰地专门阅读文献，以提高阅读的效率。

（5）养成阅读文献的习惯。如果有志于从事经济学研究工作，就需要养成

---

① 不同学校对于毕业论文中参考文献的数量均有明确规定，本书只是依据大多数学校的情况，给出文献引用数量的一个大致范围。由于阅读过的文献不等于实际引用的文献，因此，作者根据自己的实际经验和论文实际引用文献的数量范围给出所需阅读文献的大致范围。一般来说，阅读文献数量至少是引用文献数量的 1.2~1.5 倍，甚至更多，并且随着实际引用文献数量的增加，所需阅读文献的数量往往呈几何级数增长。

阅读文献的习惯，通过阅读文献，找到新的研究方向、研究选题、研究方法、研究的边际贡献。因此，尽可能保证一天读2~3篇文献，时刻追踪学术前沿，掌握最新学术动态。如果时间不允许，也可以通过浏览公众号、期刊网站等方式，了解最新发表的文献的题目、摘要等。

最后，需要指出的是，无论何种文献阅读方法，其目的是通过阅读文献为论文写作打下基础，因此，最重要的是要找到适合自己的文献阅读方法，养成文献阅读的习惯，通过阅读文献提高自己的研究水平。

第二节　文献综述的写作

一、文献综述的目的和基本原则

（一）文献综述的目的

撰写文献综述的目的，一是通过将某一问题或某一领域的相关研究成果做出系统的梳理，使读者了解该研究领域的研究问题、研究观点、研究方法、研究不足等，使读者对该领域的研究脉络有系统性的认识，能够在接下来的研究中借鉴已有研究的观点、方法等，了解该研究领域研究的不足；二是通过对相关文献的梳理，找到现有研究的不足，提出未来可能的研究方向和创新点，为接下来的研究提供帮助。

（二）文献综述的基本原则

文献综述的基本原则是，文献综述不是对文献无联系的概括和简单堆积，而是基于文献之间的内在逻辑，形成具有一定结构和带有作者理解的条理化和系统性的综合，为接下来的研究提供帮助。

二、文献综述的结构和撰写的基本方法

（一）文献综述的结构

文献综述要有一定的逻辑和结构，它的结构是基于文献综述的逻辑而形成的。因此，在撰写文献综述之前，作者需要明确所要撰写的文献综述的逻辑，具体包括：现有文献主要研究了哪些方面的问题，有哪些不同的观点，使用了哪些方法等。在对上述问题有了一个比较清晰的认识后，拟定文献综述的结构

框架，再根据结构框架将文献放置于不同部分之中。

一般来说，文献综述可以按照研究的问题、研究的观点、研究的方法、研究的时间来设计文献综述的结构，即首先按照研究的问题，对文献进行划分；再按照不同的观点，将研究同一问题的文献放置于同一框架下；最后，按照时间的先后顺序，对文献进行排序。

文献的基本结构包括以下4个部分。

第一部分为引言。简要介绍文献综述的背景和主题，即为什么要对某一方面的研究问题进行文献综述。

第二部分为文献综述的框架。这部分需要简要介绍文献综述的逻辑或思路，一个相对简单的写法为"本文的研究与以下……个方面的文献密切相关，第一部分文献是……，第二部分文献为……"。

第三部分为分析与解释。根据拟定的文献综述的结构，通过归纳和概括、比较和对照等方法，把文献分置于不同的部分。

第四部分为总结。基于对相关文献的梳理，找到现有研究的特点、成功与不足之处，在此基础上提出现有研究的不足，以及对未来研究的展望等。

一篇高质量的文献综述，"综"的部分，即对文献的归纳，应占到文献综述的三分之二。"述"的部分，即对文献的总结、评价，应占到文献综述的三分之一。

专栏3-1

文献综述结构设计思路：以参与全球价值链对生产要素报酬差距的影响为例

假设我们要做参与全球价值链对生产要素报酬差距影响的文献综述。那么，应该如何设计文献综述的结构、列出提纲呢？

第一步，我们需要思考，文献综述第一层次的结构包括哪些内容。一般来说，第一部分内容是列出全球价值链测算方法的相关研究；第二部分内容是生产要素报酬测算方法的相关研究；第三部分内容是生产要素报酬差距影响因素的相关研究；第四部分内容是参与全球价值链会影响哪些经济变量的相关研究。当做完上述四部分的文献综述之后，我们就会发现，目前研究的生产要素报酬差距的影响因素不包括参与全球价值链这个因素，这就可能是一个创新点。

第二步，我们可以在第一层次的结构下设计第二层次的结构。第一块是全球价值链的测算方法，我们可能会去想国外学者是如何测算参与全球价值链程度的，国内学者是如何测算参与全球价值链程度的。在国外学者的相关研究中，年份最早的是什么时间，最新的文献是如何做的，对于国内学者这部分也是如此。第二块是生产要素报酬差距的影响因素。第一个影响因素是技术，第二个影响因素假设为要素禀赋。当对生产要素报酬的技术影响因素进行文献综述时，国外学者的研究是如何做的，用了哪些方法，研究结论是什么，研究最早开始于什么时间，最新的研究是什么时间；国内学者的研究是如何做的，用了哪些方法，研究结论是什么，研究最早开始于什么时间，最新的研究是什么时间。

最后，基于上述想法，列出一个文献综述的提纲，将看过的这些文献一一放入提纲之中，形成自己的文献综述。

所以，在写文献综述之前一定要有逻辑安排。文献综述可按照问题、观点、时间、逻辑来排，但是建议最后一步最好按照时间来排。

参与全球价值链对生产要素报酬差距影响的文献综述的提纲详见附录 B。

（二）文献综述撰写的基本方法

撰写文献综述的基本方法包括归纳和概括、比较和对照两种方法。

1. 归纳和概括

归纳和概括，是将看过的文献归纳总结出核心观点和核心方法，包括采用什么方法，研究或解决了什么问题，创新是什么，不足是什么等。

2. 比较和对照

比较和对照，是对不同的文献进行比较，比较不同文献在观点、方法、结论等方面的差异，找出这种差异存在的原因。

（三）文献综述撰写中需注意的细节[①]

第一，必须忠实于原文，不要误解原作者的观点。将一篇文献放入文献综述，必须做到客观、准确，不要误解原作者的观点，特别是在对文献进行述评时，如果误解了原作者的观点，一是对原作者的不尊重，二是也会产生一系列

---

① 该部分内容主要来自盛斌教授在南开大学博士研究生"经济学研究方法论"授课 PPT 中的内容，略有修改。

不必要的纠纷。

第二，要对文献的特点、优点、不足和贡献作出客观评论。文献综述，顾名思义，包括"综"和"述"两部分，其中的"述"，就是要对文献的特点、优点、不足和贡献作出客观评论。这种评论要客观，不能夸大其词，更不能为了突出自己在接下来研究中可能的贡献而贬低原作者的贡献。

第三，避免过长的引文，不必重复文献中的细节，尽可能不要重复文献中的图表。一般情况下，在文献综述部分，除非必要，否则避免过长地直接引用文献的原文，更不需要重复论文中诸如数据如何处理、研究机制如何分析等细节问题，而是要突出重点，只需要对文献的主要观点、方法、创新和不足，依据自己的逻辑进行论述，以免混淆主次，造成重点不突出。文献综述中可以存在图表，但其一般是为了说明某一个研究领域的相关研究成果的多少，以突出该领域研究的重要性。这些图表，往往都是作者基于相关文献整理而得，除非必要，否则不要重复文献中的图表，因为这些图表在某种意义上也是作者论证某一观点的论据，属于文献的细节。

第四，不要过于集中引用某个作者的文献。在文献综述中，如果过于集中于某个人的文献，说明有以下可能。一是这名学者是该领域的重要学者，所撰写的文献均有较大的研究意义。二是文献综述涉及的研究问题只有少数人在研究，这说明该问题要么是由于某种原因不能研究，要么因为该问题不那么重要所以只有很少人研究。如果是因为某种原因不能研究或是研究意义不那么重要，那么，你为什么要研究这个问题？你又有什么特别的能力能够研究这个问题呢？三是文献搜集不全，可能没有完全体现该研究领域的重要研究成果。因此，从某种程度上来说，如果在文献综述中过于集中地引用某个作者的文献，会让读者对于文献综述的"含金量"以及对作者搜集、整理文献的能力产生一定的怀疑。

第五，保持文献适当的时间溯及性。文献综述的撰写一定要以问题为导向，只需将与要研究问题相关的文献进行整理、综述即可。由于较新的文献均包含了此前文献的研究成果，为了突出文献综述的重点，就需要在文献的选择上保持适当的时间溯及性，除非是该研究领域的重要文献，否则，就没有必要将年代较为久远的文献加入文献综述之中了。一般而言，在经济学论文中，近3~5年的文献应占到文献综述中引用文献的80%以上。

第六，建议使用表格的方式进行文献的比较。对于不同文献对某一问题的不同观点、使用的不同方法，为了突出重点，建议使用表格的方式进行文献比较。重点比较不同文献对同一研究问题的观点（如某一经济变量是促进还是削弱另一经济变量）、不同文献所使用的研究方法（如理论分析、实证研究、模拟研究等）。

第七，严格注明资料的来源。对于文献综述中涉及的文献，必须严格注明资料来源，这不仅是对文献作者的尊重，也体现了文献综述作者的学术道德，没有标明资料来源，往往会被认为存在剽窃、抄袭等学术不端行为。

第八，无论采取何种引用方式，全文要保持一致。不同的机构对于文献的引用方式均有明确的要求。要按照相关要求全文保持一致，这也是作者工作态度的一种体现。

第九，在没有真正阅读文献时不要注明一个观点的资料来源，文献被引用时应选择它的最原始出处，这同样既是对作者的尊重，防止出现对作者观点的误解，也是学术道德的一种体现，体现了文献综述作者严谨的治学态度。

第十，相同作者多篇文献的引用问题。对于同一作者的多篇文献引用，如果是引用相同作者不同年份的文献，可以采用×××（年份1）和×××（年份2）的方式进行引用，如 Krugman（1979）、Krugman（1980）。如果是对同一作者同一年份的不同论文进行引用，应采用×××（年份1a）、×××（年份1b）的方式进行引用，如毛其淋和钟一鸣（2022a）、毛其淋和钟一鸣（2022b）。如果是多作者的文献，只有某一作者是相同的，按照正常引用方式即可，如毛其淋和杨晓冬（2022）、毛其淋和杨琦（2022）。

第十一，文献在文献综述中的表述方式。一般来说，文献在文献综述中的表述方式有两种。一种是最简单的表述方式：×××（年份）采用了什么方法，研究了什么问题，得到了什么结论。这种方法是最初级的文献表述方式，要么出现在文献综述初学者撰写的文献综述之中，要么在比较成熟的文献综述中，用这种方式表述的文献都是一些相对重要的文献，通过用这种方式，读者能够了解该文献的核心思想和内容。另一种文献表述方式是：首先论述一个观点，在此之后，在一个小括号中标明若干篇文献，用以支撑观点。总的来说，在一篇文献综述中，用第一种方式表述的文献一般占到文献综述中"综"的部分的三分之一左右，其余的文献均需采用第二种文献表述方式。

专栏3-2

<h3 style="text-align:center">文献在文献综述中表述方式举例</h3>

Feenstra（2010）指出，贸易自由化有助于全球价值链的嵌入，使得更多国外产品进入本国市场，加剧了同类行业的竞争，引起"促进竞争效应"。简泽等（2014）、Badinger（2007）发现，嵌入全球价值链以后，国内企业将面临更激烈的国际竞争，竞争压力迫使其提高效率，提升全要素生产率。贸易自由化带来的竞争效应是通过最终品关税减免的"正向效应"和中间品关税减免的"负向效应"实现的，并且对私营企业全要素生产率的影响最大（汤毅、尹翔硕，2014）。面对嵌入全球价值链带来的市场竞争，企业倾向于合理利用资源，在"逃离竞争效应"下开展更多的异质性创新，同时会集中生产资源投向其核心产品，减少甚至放弃边际产品的生产，主动适应环境不确定性的能力塑造了行业的经济韧性（贺灿飞、盛涵天，2023；刘冲等，2020）。

资料来源：杨继军，刘梦，刘依凡. 国内价值链、全球价值链的双重嵌入与中国经济韧性[J]. 南开经济研究，2023（7）：166-184.

第三节　参考文献的标注

文献的搜集、整理和引用，最终都要将相关文献列在参考文献之中。对参考文献进行标注能够体现出作者有效收集、利用、整理、综合和加工信息的能力及学术道德水平。

一、标注参考文献的目的

在文中列出参考文献的目的，一是遵守学术道德规范，尊重前人的劳动成果，对于与论文写作有贡献的参考文献，都需要一一列出，以此表达对于参考文献作者的敬意；二是为读者寻找与本文研究相关的论文提供线索。总的来说，标注参考文献的目的包括以下五个方面。

（一）为作者的论证和观点提供支持

论文中的论证过程，都是基于一定的逻辑结构层层推进的，论证文中观点的证据不是凭空而来的，这些支撑论文观点的证据往往需要基于文献。相应地，这些用于论证作者观点的文献需要以参考文献的方式在文中加以标注。

（二）明确观点、概念和成果的所有者，体现学术道德水平及对学术规范的遵守

对于引用的文献，要尊重文献所有者的知识产权，这就需要明确观点、概念和成果的所有者，这既是对于文献所有者的尊重，也体现了作者应具有的学术道德以及对学术规范的遵守。同时，也可以明确在作者撰写的论文或专著中，哪些是作者的观点，哪些是其他文献的观点或数据。

（三）提供附加的信息和细节说明

参考文献的重要作用之一就是可以为读者提供查阅该研究领域系列文献的快捷途径。因此，通过列出参考文献的方式并提供比较详细的附加信息和细节说明，可以为读者查阅相关文献提供帮助。

（四）体现了作者搜集、整理文献的能力

作者是否能在参考文献中列出与所研究问题密切相关且重要的参考文献，体现了作者搜集、整理文献的能力，也体现了作者对于该研究领域的了解程度。可以说，作者列出的参考文献越重要、越全面，说明作者搜集、整理文献的能力越强。

（五）在一定程度上反映了文章的质量

就某种意义来说，参考文献的质量越高，说明作者搜集、阅读文献的能力越强，获取的信息越多。相应地，其文章质量也会越高。

二、参考文献标注的方法

参考文献标注方法一般有三种，但这三种方法不在一篇论文中混用。

一是按照参考文献在论文正文中出现的顺序在结尾注明，如论文正文中，出现的第一个文献是 Swenson（2005），第二个文献是 Egger 和 Egger（2006），那么，在参考文献中，第一个文献就是 Swenson（2005）这篇论文，第二个文献就是 Egger 和 Egger（2006）对应的论文，以此类推。

二是无论文献出现在正文中的何处，在参考文献中，按照先中文、后英文的顺序排列，中文和英文的参考文献均按照第一作者姓氏的首字母的先后顺序排列。

三是在正文中采用脚注的方式排列参考文献,出现一个参考文献即在脚注中标明。这种参考文献的标注方式更多存在于文科的论文中。经济学论文较少使用这种参考文献标注方式。

三、参考文献标注的细节

第一,无论是基于参考文献在文中出现的顺序将参考文献列于文末,还是按照作者姓名或是采用脚注的方式标注参考文献,均要求实引,即在正文中引用的文献,在参考文献中均能找到与之对应的文献,反之亦然;从学术道德规范的角度,不能出现私自增减参考文献的情况。

第二,在标注参考文献时,对于国外学者,除已被公认的一些翻译,如马克思、恩格斯、约翰·梅纳德·凯恩斯等,大多数国外学者均直接采用原始文献中的名字,即使是一些耳熟能详的作者,也不能采用音译的方式,如克鲁格曼,直接写成 Krugman 即可。对于中国人撰写的外文文献,也可以直接使用其英文名字,一般无须翻译成汉语。

第三,对于一些由中文翻译成英文再译回中文的历史名人的名字,需要小心,不能采用直接音译的方式将中国人的英文名字译成汉语,如 Chiang Kai-shek(蒋介石)、Mencius(孟子)。

四、操作建议

第一,在实际写作过程中,建议先按照参考文献与其在论文正文中出现的顺序——对应的方式,设置参考文献,如有特殊要求,再根据具体要求进行修改;第二,在参考文献的标注方式上,先按照《参考文献及其著录标准、范围及示例》[1]进行标注,如果遇特殊要求,再进行修改。

专栏3-3

参考文献标注方法示例:按文献在文中出现的顺序排列

[1] 尹伟华. 中国制造业参与全球价值链的程度与方式——基于世界投入产出表的分析[J]. 经济与管理研究,2015(8):12-20.

---

① 《参考文献及其著录标准、范围及示例》参见附录 A。

[2] Gasiorek M., J. Lopez-Gonzalez. China-EU Global Value Chains: Who Creates Value, How and Where?[Z]. An Analysis Prepared for the European Commission's Directorate- General for Trade. 2014, 150-154.

[3] 王子先. 中国参与全球价值链的新一轮开放战略[M]. 北京：经济管理出版社，2014.

[4] Hummels, D., J. Ishii, K. M. Yi. The Nature and Growth of Vertical Specialization in World Trade[J]. Journal of International Economics, 2001, (54): 75-96.

[5] Koopman R., W. Powers, Z. Wang, et al. Give Credit Where Credit Is Due: Tracing Value Added in Global Production Chains[Z]. NBER Working Paper 2010, 16426.

[6] Koopman, R., Z.Wang, S. J. Wei. Tracing. Value-added and Double Counting in Gross Exports[J]. American Economic Review, 2014(104): 459-494.

[7] 王岚. 融入全球价值链对中国制造业国际分工地位的影响[J]. 统计研究, 2014（5）: 17-22.

[8] 王岚, 李宏艳. 中国制造业融入全球价值链的路径研究——嵌入位置和增值能力的视角[J]. 中国工业经济, 2015(2): 76-88.

[9] Fally, T. On the Fragmentation of Production in the US[R]. University of Colorado- Boulder Working Paper, 2011.

[10] 王金亮. 基于上游度测算的我国产业全球地位分析[J]. 国际贸易问题, 2014(3): 25-33.

资料来源：蒋庚华，吴云霞. 全球价值链位置对中国行业内生产要素报酬差距的影响——基于 WIOD 数据库的实证研究[J]. 财贸研究，2017, 28（8）: 44-52.

专栏3-4

参考文献标注方法示例：按文献第一作者姓氏首字母顺序排列

[1] 曹亮，蒋洪斌，陈小鸿. CAFTA 框架下中国进口的贸易创造和贸易转移——以 HS-6 位数机电产品为例[J]. 国际贸易问题，2013（8）: 11.

[2] 高疆，盛斌. 贸易协定质量会影响全球生产网络吗?[J]. 世界经济研究，2018（8）: 14.

[3] 宫占奎，曾霞. 亚太地区 FTA 整合问题研究[J]. 南开学报：哲学社会科学版，2013（4）: 8.

[4] 韩剑，王灿. 自由贸易协定与全球价值链嵌入：对 FTA 深度作用的考察[J]. 国际贸易问题，2019（2）: 14.

[5] 彭支伟，张伯伟. TPP 和亚太自由贸易区的经济效应及中国的对策[J]. 国际贸易问题，2013（4）：13.

[6] Amador J., F. Di Mauro. The Age of Global Value Chains[Z]. VOX CEPR's Policy Portal, 2015.

[7] Backer K D, Lombaerde P D, Iapadre L. Analyzing Global and Regional Value Chains[J]. International Economics, 2018, 153(MAY): 3-10.

[8] Stefano Ponte, Gary Gereffi and Gale Raj-Reichert. Handbook on Global Value Chains[M]. Edward Elgar Publishing Limited, 2019.

[9] World Bank.World Development Report: Trading for Development in the Age of Global Value Chains[R]. World Bank Publications, 2020.

资料来源：蒋庚华，刘菲菲.自由贸易协定与亚太价值链关联[J]. 世界经济与政治论坛，2022（5）：116-146.

第四节　本章小结

本章主要介绍了文献检索、阅读和文献综述写作中需要注意的一些细节问题。总的来说，在文献检索过程中，要基于对文献质量的判断，综合利用各种资源，寻找所需要的文献。在文献阅读过程中，为了提高文献阅读的效率，要多略读、少精读，注重文献的题目和摘要，通过做笔记的方式提高阅读的效率。在文献综述的写作过程中，要牢记文献综述不是简单的文献罗列，而是基于一定逻辑结构，包含作者对相关文献理解的创造性过程。一篇好的文献综述，"综"的部分，即对文献的归纳、整理，应占到文献综述的三分之二。"述"的部分，即对文献的总结、评价，应占到文献综述的三分之一。

思考题

1. 文献检索的途径有哪些？
2. 文献质量评判的方法有哪些？
3. 如何阅读一篇文献？
4. 文献综述的撰写目的是什么？
5. 文献综述的结构是什么？
6. 为什么要在文献综述中注明资料来源？
7. 在文献综述中，对于同一作者同一年份的文献，应如何标注？

8. 结合自己所要撰写的论文,搜集该研究的重要文献。
9. 结合自己的研究方向,撰写一篇文献综述。

即测即练

自学自测　扫描此码

第四章

经济学论文写作过程中的细节

本章将主要对论文写作过程中的一些细节问题进行分析，具体包括论文中的图表如何设计、注释如何使用、论文中的数据如何处理和使用、概念框架如何设计、论文的写作和修改、论文投稿应注意的问题、双重视角类型论文写作、人工智能与经济学论文写作等。

第一节 论文中的图表和注释

一、文献中使用图表的目的

千言万语不如一张图。著名写作专家伯尔加在其建议的论文写作顺序中，把图表的准备放在第一步（伯尔加，2014）。通过图表，可以更清楚明了地显示作者所要表达的内容。论文中使用图表的主要目的如下：一是作为论据，对论文中的论点作出解释说明；二是分析变量之间的变化趋势；三是用于显示计量结果。

一般来说，论文中的图表主要采用四段结构解释说明图表的内容（Yu，2014）。

第一段指明图表是什么，指出该图表的目的，包括对应的条件，以及图表表述了什么主要问题。

第二段指出观察到的图表中变量的特征与趋势。

第三段对图表中对变量的重要观察与趋势进行解释或解读。

第四段指出观察到的变量的趋势有什么重要含义，包含经济含义和政策含义。

二、论文中使用图表的细节

论文中使用图表，需要注意以下问题。

第一，无论是图还是表，都要有标号和标题。标号，如图1、图1-1、表1、表1-1等。如果是打算发表的论文的图表的标号，一般是按照表1、图1进行标注。如果是毕业论文或按章节划分的论文，图表的标号一般以1-1、2-2的方式标注。图的标题，一般在图的下方；表的标题，一般在表格的上方。

第二，尽量不要使用只有一个变量（一条线、一个柱状图、一行、一列等）的图表。虽然目前在大多数文献中已不再强调这一要求，但对于需要公开发表的期刊论文，由于期刊的版面有限，若使用只有一个变量的图表，一是会增加版面；二是会影响版面的美观。

第三，所有图表都要在图表的下方标明数据（资料）来源。当数据缺失时，表格一般会采用"."" - ""NA""-999"等4种方式来表示。无论使用哪种表明数据缺失的方式，都需要在表格的下方标注：文中以××代表数据缺失。表格中如果是计算的数据，并且数据有小数点时，需要在表格下方的注中标明，数据精确到小数点后几位。

第四，图表中的数据都要有单位。表中数据的单位在表题的右侧。图中数据的单位以图例的方式标出。

第五，要根据出版要求设置图表的格式。如有些期刊要求表格使用三线表、文中的图不使用边框等。

第六，由于大多数论文均采用黑白两种色彩打印生成，因此，在制图时，图中用于表示变量趋势的线段、柱状体、饼图等，最好使用黑白两种颜色来区分。如果无法只通过黑白两色区分图中的内容，也要做到不使用浅色，如黄色等，否则会导致无法显示图中的变量。

第七，在使用表格的形式对数据进行分析时，最好在列出相关基础数据后，辅以部分统计指标，如均值、极差、标准差等，用以分析变量的变化趋势。

专栏4-1

表格的表示方式举例

1999—2009年各大洲对外经济合作增长率如表4-1所示。

表 4-1　1999—2009 年各大洲对外经济合作增长率　　　　　　　　　　%

		亚洲	非洲	欧洲	拉丁美洲	北美洲	大洋洲及太平洋岛屿	国境内*
1999	对外经济合作	−4.58	−9.46	0.85	−37.42	−6.12	2.83	12.89
	承包工程	−7.80	−15.41	−2.30	−47.27	−30.76	−6.66	21.77
	劳务合作	9.75	10.56	40.92	−30.54	44.08	10.51	−8.28
	设计咨询	−36.23	12.88	26.04	119.29	136.67	−72.54	0.00
2005	对外经济合作	25.3	14.88	56.07	49	67.95	40.27	682.79
	承包工程	24.59	14.45	59.77	53.04	74.91	73.87	10.43
	劳务合作	27.5	13.18	−15.59	19	−20.53	−28.2	16 016.57
	设计咨询	54.15	123.26	13.59	3 618.87	581.82	217.39	−75.28
2008	对外经济合作	35.94	36.17	58.33	−5.42	4.23	−40.23	−79.57
	承包工程	39.29	42.01	59.57	−7.99	4.09	−40.29	−81.28
	劳务合作	19.06	5.09	12.86	10.21	6.31	−35.83	−55.21
	设计咨询	−8.6	−18.77	3.49	188.84	38.45	−65.88	566.67
2009	对外经济合作	33.02	32.8	41.48	−11.43	20.81	51.48	269.16
	承包工程	37.26	37.74	42.28	−3.78	21.66	59.11	310.2
	劳务合作	10.6	1.01	37.93	−55.31	−0.95	−21.18	−13.7
	设计咨询	NA	NA	NA	NA	NA	NA	NA
11年平均	对外经济合作	20.68	19.19	30.78	23.99	35.78	22.38	101.1
	承包工程	22.44	21.77	32.1	37.16	44.5	43.42	50.42
	劳务合作	13.02	7.52	10.2	3.72	−0.73	−12.07	1 472.16
	设计咨询	20.67	34.89	51.97	472.4	85.48	121.89	62.87

　　数据来源：根据 1999—2010 年各年度《中国统计年鉴》中的相关数据计算而得，精确到小数点后 2 位。

　　注：根据各年度《中国统计年鉴》中对"国境内"一项的解释，在国境内从事的对外经济合作主要指承担中国境内利用外资建设项目中收取外币的那一部分；NA 表示当年数据为 0；设计咨询为 10 年平均增长率。

　　资料来源：蒋庚华. 中国服务贸易结构问题研究[D]. 长春：东北师范大学，2012.

专栏4-2

图的表示方式举例

1995—2009 年中国对日本出口中所使用的 4 种本国生产要素变化趋势如图 4-1 所示。

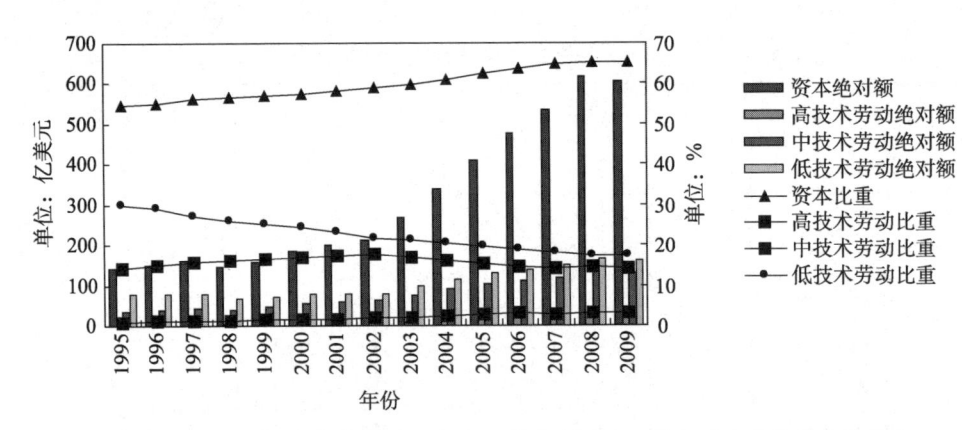

图 4-1　1995—2009 年中国对日本出口中所使用的 4 种本国生产要素变化趋势
数据来源：根据 WIOD 中相关数据计算而得。

资料来源：郭沛，吴云霞. 中日双边贸易中的国内生产要素分解：基于 WIOD 数据库的实证分析[J]. 现代日本经济，2016（5）：38-50.

三、论文中的注释

论文中写注释的目的是对正文起到补充说明的作用。在实际操作中，注释往往是一些放在正文中可能会由于某种原因影响读者阅读体验的内容，但这些内容又可以对正文起到解释说明的作用，并为读者提供更加详细的信息，如果不加入论文中，又觉得对正文的解释不够详尽。

一般来说，论文中的注释包括以下几种[①]。

一是标题注释，也叫"题注"，是指对该论文写作起因、发表情况、受资助情况、致谢等相关情况所作的简短说明。在论文的写作中，该种注释主要采用脚注的方式标明。

二是作者注释，是指对论文作者的相关信息予以标明，一般包括姓名、学习或工作单位，以及职务或学历等相关信息。在论文的写作中，该种注释主要用脚注或尾注标明。

三是释义性注释，也叫"说明注"或"内容注"，是指当作者认为应该对正文中所提到的术语、资料、人物、事件或所讨论的议题作进一步的附带说明、

---

① 该部分的内容主要来自搜狐网："学术论文注释的种类及用法"一文。作者不详。相关内容参见：https://www.sohu.com/a/398963716_120462441。

评论或引申，而又担心在正文中提及会影响行文流畅度，或打断读者思路时，通过注释形式所做的说明性文字。释义性注释也是论文正文中常出现的一种注释。

四是引文注释，也叫"引文注""引文出处注释"，是指对文章所引用文献的出处所做的标明。在功能上，文后的参考文献与正文中的引用文献虽然同属参考文献，但二者之间又有细微的不同。

第一，引文注释可以在文中出现多次，而文后的参考文献只列一次。

第二，引文注释一般需要注明所引用文字在文献中的具体出处（页码等），而文后的参考文献只需列明文献的基本信息即可。

第三，引文注释可以采用简略形式，而文后的参考文献一般不可以简写。

第四，引文注释往往仅针对所引用的原文进行注释；非引用的原文不需要采用引文注释的方式。

第五，有些注释和参考文献起到相同的作用，即将论文中所引用的文献，无论是否直接引用，均采用脚注的方式，置于文章正文下方。

第二节　论文中的数据

一、数据的重要性

数据是经济学的基础，数据对于经济社会和经济学研究的重要性主要体现在以下几个方面。

第一，数据是对社会经济现象进行分析的基础。对某一社会经济现象的发展情况进行分析，最首要的就是有与之相关的数据，如GDP、失业率、通货膨胀率、进出口额、国际收支等。这些数据虽然有一些是人为创造出来的，也具有一定的不合理性，但通过对这些数据的分析，可以发现社会经济现象的变化规律及存在的问题，也只有通过对数据的分析，我们才能发现社会经济现象的变化规律。因此，数据是对社会经济现象进行分析的基础。

第二，数据可以验证经济学理论的正确性。经济学中的理论，在没有进行数据验证之前，只是基于一系列假设条件和理论推导得出的假说，而不能称之为理论。只有基于数据，并通过对数据的分析，才能验证经济学假说的正确性，假说才有可能成为定理、理论。根据卡尔·波普尔的"证伪主义"的相关理论，理论不能被证实，只能被证伪。经过数据验证的经济学理论（假说），如果没有被推翻，那么，就可以说基于目前的数据，该理论（假说）是正确的。如果基于现有数据发现某一经济学理论（假说）是错误的，就可以说明该理论（假说）被证伪。

第三，数据促进了经济学理论的发展。绝大多数经济学理论都是通过对数据进行分析后，发现已有理论无法对数据进行解释，从而创建了新的理论。如克鲁格曼（Krugman）创建的新贸易理论、梅里兹（Melitz）创建的异质贸易理论等，均是首先基于数据的分析，发现现有的国际贸易理论无法完美解释现有数据，从而基于一系列研究假设，提出了新的贸易理论，而这些贸易理论又能够经受数据的验证，没有被证伪。从这个角度可以说，没有数据就发现不了新问题；没有数据就没有经济学理论的发展。

二、数据类型

（一）按照加工过程分类

根据数据的加工过程，可以将数据分为一次数据、二次数据、三次数据和文献数据。

一次数据包括两部分，一是指作者经过调研得到的数据。这些数据的优点是能够真实反映作者的需求，无须经过二次加工，因此数据的真实性、准确性较高；缺点是由于调研往往只针对部分个体，且大多数个体无法承担大规模调研的成本，因此，在大多数情况下，调研数据的样本量较小，代表性较差。二是官方机构进行数据统计时的基础数据，这些数据虽然代表性较强，但往往与研究的需求不相符，并且大多数研究者无法得到这些数据。

二次数据是对一次数据第一次加工之后得到的数据，如经常使用的GDP、失业率等宏观经济数据，或个人收入等微观数据。它是对一次数据进行加工、清洗后得到的数据，多数情况下由官方机构、高校或公益组织提供，数据虽然准确性较高，但由于这些数据往往只提供一些基础性的统计指标，无法满足特定的研究目的，因此需要在得到这些数据后再进行加工处理，使之成为可用于研究的数据。

三次数据是指对二次数据进行加工处理后得到的数据。由于二次数据往往是普适性的，无法直接在研究中使用，因此，在实际研究过程中，研究者往往需要通过对二次数据进行加工处理，重新"制造"出一些统计指标用于研究工作。如国际贸易领域用于反映出口产品的出口技术复杂度指标、出口产品质量指标，金融领域用于反映金融对中小企业和低收入群体帮助程度的普惠金融指数等。由于这些数据是研究者依据一次数据、二次数据加工而成的，虽然可以直接用于研究，但数据在经过多次清洗、加工后损失不少数据原本的信息，可能会出现数据失真的情况。

文献数据，即其他文献中使用的数据。这些数据是其他研究者在研究中使用的数据，可以在标明资料来源后直接使用，但由于是其他研究者在文献中使用的数据，与自己研究的关系匹配度不高。

（二）按照数据时间频次分类

根据数据时间频次，可以将数据分为年度数据、季度数据、月度数据、周数据、日数据、高频数据。

年度数据，即以年度为单位，每年统计一次的数据。大多数统计年鉴中的宏观经济数据，均以年度数据的形式出现。还有一些数据，是以半年为周期统计的，如上市公司的财务报表数据等。

季度数据，即以季度为周期统计发布的数据。在国内，大多数省（自治区、直辖市）的GDP数据均采用季度数据的形式公布。

月度数据，即以月份为周期统计发布的数据，如CPI数据。

周数据，即以周作为周期统计发布的数据。封闭式基金净值每周公布一次，一般在每周五晚间公布，它就是周数据。

日数据，即每日发布的数据，如遇到重大疫情时的疫情数据，同业拆借市场利率数据等。

高频数据，高频数据的典型代表是时间间隔较短（低于一日）的证券交易数据，如股票价格、外汇价格及成交量等。

（三）按照数据适用范畴分类

按照数据适用范畴，可将数据分为国际数据、国民社会经济统计数据、行业数据、专题数据等。

国际数据，即对世界总体社会经济情况、世界主要国家和地区社会经济情况进行统计的数据。

国民社会经济统计数据，即在宏观层面，对中国社会经济发展情况进行统计的数据。这些数据多出现在《中国统计年鉴》、各省（自治区、直辖市）的统计年鉴或统计公报中。

行业数据，即对某一特定行业的经济发展情况进行统计的数据，如《中国工业经济统计年鉴》《中国农业统计年鉴》中的数据等。

专题数据，即针对某一专题进行统计的数据，如人口普查数据等。

（四）按照数据的层次分类

按照数据的层次，可分为宏观数据、微观数据。

宏观数据，是指一系列宏观经济学的统计指标经过一定公式计算得到的一个综合指标，包括生产总值、国民总收入（GNI）、劳动者报酬、消费水平等。

微观数据，即个体层面的数据，如企业数据、家庭财富数据、个人消费数据等。

随着大数据技术的发展和统计数据的多样化，越来越多的数据由宏观层面转向微观层面，微观数据已成为经济学研究中的首选数据。

（五）按照数据的时间类型分类

按照时间类型分类，可将数据分为时间序列数据、截面数据和面板数据。

时间序列数据，即对某一数据的统计按照固定时间统计而得到的，如年度数据、季度数据、月度数据、日数据等。

截面数据，即对于某一个体只有某一时点的数据，如某一年度的人口普查数据等。

面板数据，也叫平行数据，是指在时间序列上取多个截面，在这些截面上同时选取样本观测值所构成的样本数据。面板数据又可以进一步分为平衡面板数据和非平衡面板数据。平衡面板数据，即在每一时间点相同个体均有数据；非平衡面板数据，即在某一时间点有些个体没有相应的数据。

三、数据的查找

数据的查找方式，从来源上，主要有以下几个途径。

一是调查数据，通过调查得到第一手的数据。其优势是数据的真实性能够得到保证，且由于调查目的是用于研究，因此，调查数据与研究的关系较为密切；缺点是受制于时间、经费等限制，得到的数据样本量较小。

二是通过查找相关机构统计的数据获得。这些数据往往通过查询相关机构的网站或出版的统计资料获得，有些是免费的，有些需要付费购买。这些数据的优点在于，大多数数据均由国际组织、国家机构、高校或公益组织公布，可靠性较高；缺点是：一是部分数据无法与所要研究的问题直接相关；二是这些数据均是经过清洗后的二次数据，可能会损失一些必要的信息。

三是购买的数据，某些具有特殊性质的数据没有相应的统计，需要委托专业公司进行统计。此外，对于一些需要付费使用的数据，由于价格过高，也可以委托专业公司寻找替代数据，减少不必要的时间和经济成本。随着网上购物的迅速发展，通过互联网购买数据将成为数据查找的最重要方式之一。

四是对于一些其他研究者统计的数据，可以联系相关的研究者，获得相应的数据。

五是通过一些学术网站获得数据。一些学术网站的参与者往往会搜集整理一些公开发布或付费使用的数据，可以通过这些学术网站获得相应的数据。但这些学术网站中的数据存在两个问题，首先，这些数据大多是由个人上传至学术网站的，学术网站不对数据准确性负责，因此数据质量可能较差；其次，学术网站中的数据一般是需要付出一定的成本的。

对于初次涉及某一个研究领域的研究者而言，当不知道数据从哪儿获得时，一个简单有效的办法就是通过查找文献，看文献中的数据从何而来，按图索骥，查询需要的文献。如果是公开发布的免费数据，可以通过文献提供的途径查找。如果是付费数据，且购买数据的费用高，就可以通过学术网站或网购的方式获得。这种方式一般来说成本相对较低，但面临两个风险。一是数据的真实性存疑，部分数据可能被学术网站或网上卖家进行了清洗或篡改；二是部分网上销售的数据没有经过授权，可能存在版权风险。

四、数据的转换

在论文写作过程中，往往需要从不同的渠道获取不同的数据。由于这些数据统计方式不一样，因此面临数据转换的问题，即把来自不同渠道的数据转换成具有统一统计口径、可以用于分析问题的数据。总的来说，这些转换包括三类。

一是由于行业分类标准不一致，导致数据需要进行转换，如有些数据是基于国际工业标准分类（ISIC）来统计的，有些则是依据中国工业标准分类（CIC）进行统计的，还有一些是依据联合国中心产品分类系统（CPC）进行统计的。

二是由于统计口径的变化，导致同一统计数据在不同年份之间需要进行转换，以保持数据的连续性。如 1978—1979 年，中国对于经济数据的统计基于物质产品平衡表体系（简称 MPS 体系）；改革开放之后，中国对经济数据的统计由 MPS 体系向联合国国民账户体系（SNA 体系）转变。这就导致如果需要将 1978 年之前与改革开放之后的中国 GDP 数据进行比较，就需要了解 MPS 体系和 SNA 体系对经济统计的差别。

三是在将产品的统计数据对应到相关行业时，要有与之对应的标准，如在国际贸易领域，需要将对商品进出口的统计一一对应到不同的行业。

数据转换一般需要找到相关的标准。这些标准最好是来自国际组织、国家机构、行业协会等公布的行业转换标准，或者来自其他学者给出的数据转换标准，最好不要自己根据想象对来自不同渠道的数据进行转换和匹配。

五、数据的处理

在查找到相关的数据，对数据进行分析之前，还需要对数据进行处理，使之成为可以为研究服务的数据。具体包括以下步骤。

第一步，对数据提取关键变量。一个数据库中往往包括众多变量，需要根据关键变量搜集不同数据库中的数据。

第二步，对不同数据库之间的数据进行合并。来自不同数据库中的数据通常需要根据一定的标准将其匹配成一个用于研究的数据库。

第三步，对数据进行清洗。具体包括以下步骤。

一是完善变量名称和标签。原始数据中往往存在变量名称不完整或使用英文名称的问题，因此，需要完善变量名称或对变量名称打"标签"，以方便日后处理数据，也方便文章的合作者查看、使用数据，还可以在使用者遗忘数据内容，起到提醒的作用。

二是删除错误数据。对于一些明显存在诸如单位标注错误的数据，需要进行删除或调整。

三是对数据进行调整，主要包括以下方面。

（1）调整数据单位。一些数据存在单位过大或过小等问题，需要对数据进行调整。

（2）缩尾处理。基于一定的标准，删除位于样本左右两端的数据，以使数据更加集中。

（3）插值处理。对于一些缺失的样本，依据实际情况，需要采用一定的方法，对缺失的数据补充完整。插值处理虽然能够提高数据的完整性，但由于插值是基于一定的统计学方式进行的，因此必然会降低样本的随机性。

（4）剔除异常值。数据中往往会存在一些明显异常的数值，对于这类数据，有些是由于数据输入错误造成的，可以直接删除；还有些就是单纯的数值过高或过低，这可能会改变实证研究结果，因此这部分数据一般不会剔除，而是基于全部数据进行基准回归。在剔除异常值后，再根据剩余数据进行稳健性检验。

（5）生成新变量。在完成上述工作后，在实际研究过程中，往往会对数据进行取对数、差分等处理工作，需要生成新的变量，用于随后的研究工作。

第四步，存储清洗文档，同时保留原始数据和清洗后的文档。由于原始文档可以用于之后的研究工作，在研究过程中，如果发现有些数据存在问题，也可以将清洗后的文档与原始数据对比。因此，建议同时保留原始数据和清洗后的文档。

第五步，对数据进行描述分析。通过对数据的描述，检验清洗后的数据是否可靠，发现变量特征、变量之间的相关性和新的现象。对数据进行描述的指标一般包括但不限于样本量、均值、标准差、极大值、极小值、极差、中位数、不同分位数等（如 10%、25%、50%、75%、90%分位数等）。通过对数据进行描述性分析，可以得到数据的基本情况。

第三节　概　念　框　架

一、什么是概念框架

"概念"是对一个或诸多关系进行思考的逻辑结构。概念化是研究不可分割的一部分，是对一个或更多关系进行思考的逻辑构建。概念框架主要出现在论文的理论机制（研究设计）部分，基于相关概念、理论、文献，对变量之间的因果关系和影响机制进行分析。

在经济学中，概念特别关注关系，关系指变量间的基本关系或更为复杂的关系体系。关系在性质上是有因果的，即关系所要解释的是某些变量如何或为什么引起其他变量变化。因此，经济研究中的概念框架是对问题及所有与问题相关假说的概念分析。在所有的关系中，经济学最重视的是因果关系，而不是相关关系。概念框架有助于形成对问题的理解，对问题进行清晰阐述。概念框架与问题描述、目标陈述及文献评论具有互补性。

设计概念框架往往要求具有某些复杂的能力或特性——抽象推理、对主要问题的认识和综合、现有经济学理论的知识、是否有欲望去细致理解一个问题，以及该问题所涉及的其他问题。

二、概念框架"存在"的形式

经济学研究的概念框架，"存在"的形式包括以下三种。

一是经济模型。经济模型即根据现有的经济理论中的模型进行推演，得到可经验证的理论（研究）假说。

二是理论分析。以演绎法为基本方法，基于经济学相关理论的基本逻辑，以文献和事实作为论据，采用文字表述的方式，论证变量之间的因果关系，得到可经验证的理论（研究）假说。

三是研究框架。以文献和事实作为依据，主要采用流程图的方式，配合文字说明，论证变量之间的因果关系。以这种形式存在的概念框架，往往在需要研究变量之间的机制时出现，即在研究某一变量通过何种途径影响另一变量时出现。

三、概念框架的作用

第一，经济学研究中的概念框架是通过分析与问题相关的所有假说而构建的。

第二，概念化针对的是问题，而不是目标或方法，纯粹是概念性的，不考虑经验证据或数据，主要作用是形成有意义的研究假说，并证明这个假说。这些假说还要经受检验（证实或拒绝），但检验假说是实证研究的工作而非概念框架所要解决的问题。

第三，概念框架可以提供目标和方法、程序之间的理论联系，由于问题直接导出目标，进而使概念框架与目标相联系，因而概念框架有助于确定达到目标所必需的关系或关系的类型。通常，概念框架也指出了关系框架内的相关变量。

第四，确定与问题分析有关的变量。通过概念框架能够明确与所要研究的问题相关的变量，为接下来的研究提供基础。

第五，在分析问题的一个系统中使各种关系概念化。经济学研究的前提是将研究对象概念化，只有概念化，才能明确变量的定义、内涵和外延，进而才能对相关问题进行进一步的研究。

第六，对问题分析结果进行检验的假设。基于概念框架提出可经实证检验的研究假说，为实证检验提供依据。

四、概念框架的来源：理论

在任何经济学研究中，概念框架的来源都是相关理论。概念框架一定要以相关理论为基础，基于相关理论来分析经济现象，以及经济现象之间的因果关系。

第一，对一门学科理论的领会和理解是从事专题研究、对策研究和学科研究所必需的能力。将问题置于一个可研究的范围需要对问题进行概念化，而概念化又要求人们能运用学科理论工具作为思考问题的手段。

第二，将理论运用于具体问题。对理论中的"理想类型"与存在于现实中的"实际类型"之间联系的发现——如果与问题有关的理论在形式上得到了很好的发展，则它总是会被要求做出一些适应性修改以"适合"所研究的个别问题。

第三，有时仅对现有理论的适应性修改对所要研究的问题来说仍是不够的。这种情形下，需要对理论进行改进或者提供一个不完整的概念框架。

第四，理论改进主要是对现有理论的细微改进，或从其他专题领域引入新的概念。

第五，对"实际类型"之间联系的发现——如果与问题有关的理论在形式上得到了很好的发展，则它也会被要求做出一些适应性修改以"适合"所研究的个别问题。

五、如何形成概念框架

第一，形成概念框架的基本要素是"有准备地观察"。首先应该具备深厚的经济学理论基础。要基于经济学理论观察现实经济现象，找到现实经济现象中的规律与关系。在这一过程中，一是可能会发现一些与经济学理论相违背的地方，这些相违背之处可能就是现有经济学理论无法解释的现象，需要通过修改现有经济学理论的假设条件形成新的研究假说。二是注重常被遗忘的"角落"，这些被遗忘的"角落"也是新的概念框架形成的重要来源。三是要有直觉。直觉是一个非常重要且不可忽视的因素。人的第六感有时是非常准确的。优秀的经济学家往往都具有良好的经济学直觉。当成功做完一项研究后，也许你会有千万个理由来说明当时这么做为什么是正确的，但是真正支持你做完这些工作的可能仅仅是直觉，而直觉的基础一定是理论，是长期的经济学专业训练。只有建立在理论和经济学专业训练基础上的直觉，才能经得起现实的检验，才是对经济学研究有用的直觉。

第二，认识、综合与分析。形成概念框架，一是要经过专业训练，这种训练不仅包括对相关经济学基础理论的学习，还包括对相关方法和方法论的学习。经济学是一门经过 200 余年发展形成的具有完整的方法论支撑的学科。经济学方法论保证了经济学理论的可靠性，妄图抛弃经济学的基本方法和方法论而形成新的经济学理论，是不可能实现的。经济学的专业训练不仅包括学习相关经济学理论、方法，还包括由此形成的经济学直觉。二是环境熏陶。在一个合适的环境下，通过多与优秀的人交谈，形成自己的经济学思维框架。交谈的对象不应仅局限于经济学界的专家学者，还应包括企业人士、其他非专业人士等，要与具有不同学术背景的人交谈。与上述人士的交流不仅有助于形成经济学思维框架，还有助于拓宽眼界、吸收其他学科的方法以及发现新的现象。三是导师的专业指导。导师能够在特定环节起到答疑解惑的作用，从而提高形成概念框架的效率。

第三，选择和修正理论。当某一经济现象无法用现有经济学理论进行分析时，就需要对现有理论进行修正。这包括两个步骤：一是要选择合适的理论；二是通过对现有理论的研究假设的修正，提出新的能够用于解释现有经济现象的新的研究假说。

第四，推理与假说。通过对修改研究假设的经济学理论进行重新推理，形成新的研究假说。

第五，假说检验。基于新的经济现象或新的数据，验证新的研究假说的正确性。

六、概念框架和理论框架的区别

（一）概念和理论的区别

概念是一个想法。

理论是一组概念、模型、原则、定义等，通过确定变量之间的关系来解释现象。理论是通过实验和证据而建立和验证的。

（二）概念框架和理论框架的目的差别

概念框架就像研究的路线图，帮助你形象化和实现研究项目。它定义了研究中的相关变量，并描述了它们之间可能存在的关系。

概念框架在不同类型的研究中具有不同的用途。

在定量研究中，概念框架可能用于确定调查问题或数据点，或为学者的解释和预测形成研究假设。

在定性研究中，概念框架可能用于提供一个工作假设或一组研究问题，或者在描述性研究中识别或探索类别。

理论框架介绍和描述了支撑研究问题的理论或理论体系。因此，理论框架通过描述和借鉴以前工作中获得的相关理论来支持研究。

本科毕业论文一般会有一个理论框架；硕士毕业论文可能会有一个或两个理论框架；博士生的研究需要提供大量新知识的原创性研究，可能涉及三个或更多的理论框架。

表 4-2 显示了概念框架和理论框架的主要区别。

表 4-2　概念框架和理论框架的主要区别

概　念　框　架	理　论　框　架
关乎研究者在回答研究问题时采取的方法	是基于现有的理论/理论体系发展而来的
源自概念	源自理论
概念框架由多个概念组成，还可能包括一个理论框架	单独一个理论本身可以作为一个理论框架
概念框架可以研究影响特定领域的因素	理论框架基于一个或多个理论，源于超越单个研究的结果

（三）概念框架和理论框架在构建上的差别

构建概念框架。在开始之前，需要创建一个概念框架。它可以是文字或图片的形式，表示变量之间的预期关系。

构建理论框架。需要阅读和回顾文献，以确定长期存在的主题和调查的主要关注点。列出所有变量，并考虑这些变量与理论的关系。

七、构建概念框架的操作建议

第一，将研究的问题作为焦点。

第二，领会相关的研究文献和借鉴他人的研究框架。

第三，精练和压缩问题（简化性假设）。

第四，确定可用的经济理论，但也不要拘泥于某种"思想"。

第五，从一个基本模型开始概念化分析，并逐步放松假设的限制。

第六，将基本模型（如静态）扩大到其他相关问题。

第七，对分析得出的可检验的假说进行集中和逻辑排列。

第八，无论何种形式的论文，均需要为概念框架单独设立一个章节。

第九，不要企图一次完成概念框架的设计。

第四节　论文写作和修改

一篇优秀的论文不仅要有较高的边际贡献，还需要写得好。要像文学作品一样，通过层层推进，使读者与作者产生共鸣。这不仅要求在论文的写作过程中写得好，还要通过不断修改，让论文更加成熟。可以说，一篇经济学专业论文，作者不仅要会写，还要会改。好的论文，不仅是写出来的，也是改出来的。

一、论文的写作

一篇文章，写得越好，发表的概率也就越大。好的论文就应该像小说一样，作者通过构思和写作，将读者一步步带入这篇论文当中。"写得好就是想得好！"为了通过写作传递信息，一个建议是：明确谁是你的读者，他们对信息及知识有何需要。这就要求了解读者，了解他们的技术知识水平及兴趣。一个有用的技巧是在内心将自己置于读者的位置，分析他们的兴趣和以前的知识基础。

一篇经济学的学术论文，第一读者是编辑，他们虽然具有与作者相似的学习经历，但对于经济学论文，关注的问题往往是选题是否新颖，是不是热点问题，结构是否合理，边际贡献是否突出。经济学论文的第二读者是外审专家，相对于编辑，他们会以一种更加挑剔的眼光来审视你的文章，重点关注边际贡献、文字表述、论证方式，甚至会挑错别字。经济学论文面向的大多数读者是你的同行或政府部门的相关决策者,读者具有和作者相近的学习经历、知识结构和思维方式,对论文的关注点往往在于,论文的边际贡献是什么,论证是否充分,使用的方法和技术是什么,概念框架如何建立。对于一篇写给政府看的咨询类的文章,由于政府工作人员往往是通才,他们虽然看不懂高深的研究方法,但更能够从实际工作出发,关注文章中针对所研究的问题提出的对策建议是什么,能否起到作用。因此,对于这类咨询类的文章,应将重点放在对策建议上,考虑政府关注的问题是什么,约束条件是什么,用什么方式才能快速、有效、低成本地实现所提到的目标。所以,一篇优秀的经济学论文,要抓住不同读者对于经济学论文的要求来布局谋篇,详细论证。

如何提高研究写作水平,可以从以下几个方面着手。

第一,简明扼要,直入主题。写论文和写散文不同,经济学论文要直入主题,只需交代清楚这篇文章究竟研究了什么、分析了什么即可,不需要运用华丽的语言及形容词进行修饰。

第二,语言精确,不能模棱两可。论文一定要用词准确,不能夸大。写论文时尽可能避免使用形容词,特别不能使用模棱两可的词语,一是一,二是二。

第三,避免使用倾向性或评价性词语,尽可能在写作中保持公正的表述。评价他人成果和本文的边际贡献时,不使用具有倾向性或评价性的词语,不刻意贬低他人的研究成果,以及过分夸大自己的贡献。

第四,注意细节。细节决定成败。在论文写作过程中,一定要注意细节,使全文保持美观,增强可读性。如页边距和行间距、引文和参考文献注释、图表的使用、数学公式的推导过程、统计数据的准确性等。这里需要特别注意的是,首先,论文中一定不要出现错别字、漏字。我们始终牢记,论文写作好坏是能力问题,是否有错别字是态度问题。无论是多么细微的错误,作者看不到,不代表读者看不到。其次,对公式的编辑,一般情况下最好使用公式编辑器,特别是相对复杂的公式;对于相对简单的公式,可以使用"新罗马字体+斜体"。

第五,作为初学者,建议第一步是模仿,模仿经济学顶刊中论文的写作方法、文字表达方式、语法、措辞等,也可以采用拆解文章的方法,分析优秀的经济学论文,每一段写什么、为什么要这么写,如何措辞,甚至可以通过划分句子成分的方法来对优秀的论文进行拆解和分析。只有通过不断的模仿、大量的练习,才能找到适合自己的经济学论文写作方法。必要时,也可以通过阅读一些经典的文学作品,学习文学大师的写作方法。

第六，大量地写、不停地写，在写作过程中提高自己的水平。对绝大多数人而言，不要幻想着不依靠长时间的积累就发表出一篇一鸣惊人的论文，而是要通过量的累积带动质的飞跃，只有在写作过程中才能发现自己的问题，不断提高自己的写作水平。

第七，重视外审意见。当投稿论文进入外审后，有的时候会收到外审意见[①]，可以基于外审意见来修改论文，其目的不仅仅是让论文通过外审顺利发表，更重要的是，通过这些外审意见，我们不仅能够发现投稿论文的不足，还能为接下来的论文写作提供帮助，避免在接下来的论文写作中犯同样的错误。对初学者而言，其往往无法看到高水平的外审意见，可以采用两种方法来搜集其他作者的外审意见。一是求助于高年级的同学，看是否能够将他们发表的论文及外审意见拿来参考；二是目前部分国内期刊，如《中国工业经济》，会将一部分已发表论文的外审意见及作者修改说明公布到网上，我们可以通过学习这些外审意见以及作者修改说明提高自己的写作能力。

二、论文的修改

好论文是改出来的。无论贡献多大的论文，都是经过多次修改才完成的。在论文的修改上提出以下建议。

第一，态度端正。不要认为改论文无关紧要。论文的修改往往占据了论文写作的很大一部分时间。要将自己放在审稿人或读者的位置上修改论文，思考如果你是审稿人，你认为论文最主要的问题是什么，应该如何解决；如果你是读者，你最希望在论文中看到哪些内容，要按照这个心态来修改论文。一般而言，一篇合格的论文需要修改5遍以上。

第二，建议将论文打印出来逐字逐句修改。修改电子版论文往往存在无法集中精力的问题。因此，建议将论文打印出来逐字逐句修改。

第三，先通篇修改论文，再逐字逐句修改论文。第一步是要检查文章是否存在违反常识的错误和政策错误，如将中国台湾省列为一个国家、所得到的结论与国家政策方针相违背等。第二步是检查文章的结构、框架，保证文章结构合理、符合逻辑。第三步是对论文使用方法、数据等进行修改，包括计算公式

[①] 部分刊物对于在外审阶段直接被拒稿的文章往往不会提供外审意见，如果有刊物提供了外审意见，无论是正面评价还是负面评价，均需认真对待。即使被拒稿，也需要基于外审意见认真修改，以提高论文质量和再次投稿时被接收的概率。

是否准确、数据是否存在错误等。第四步是对文字的修改，一是不要有错别字；二是不能由于疏忽出现原则性错误，如一定要写台湾省或中国台湾，而不能直接写成台湾。如果需要在文中使用地图，一定要使用标准地图等。

第四，建议对于每一版修改后的论文，都保留相关文件，以备随时查阅。

第五，论文投稿前需要改格式，包括摘要、关键词、图表、参考文献等的格式。特别是英文摘要，虽然有各种翻译软件，但在使用翻译软件完成初步的翻译后，一定要检查，以保证翻译准确，符合英文语法规范。

第六，要牢记文章既是写出来的，也是改出来的，但绝不是一次就完成的。先写出来，通过不断修改、完善，最终使文章达到自己满意的程度[1]，这才是文章写作的必经之路。

第七，通过参加学术会议修改论文。在论文写作完成后，可以向学术会议投稿，通过在学术会议上宣讲论文，根据专家的修改意见来修改、完善论文。此外，参加学术会议，还可以了解国内外最新学术动态和前沿方法，通过聆听其他学者的论文宣讲为自己今后的研究打下基础。因此，青年学者一定要走出去、多参会、多交流。

第五节　论　文　投　稿

论文写作的目的，一是解决现实世界中的经济问题，二是通过发表，让更多的读者了解你的研究成果。

论文投稿和发表的意义不仅在于让读者了解你的研究成果，还在于通过投稿，不断提高自己的自信心、选题能力、写作能力。在论文投稿过程中，往往由于编辑、外审专家都是带着挑剔的目光审视文章，能够提出一些作者自己忽略的问题。因此，只有不断投稿，特别是向高质量期刊投稿，才能快速提高论文写作能力。

---

[1] 文章写作的目的既在于解决某种现实问题，也在于发表。自己满意的文章，不代表别人认为是最好的，也不代表没有缺点，只是在现有能力下，所能完成的最好的文章。如果一味追求没有缺点的文章，最终的结果就是文章写不出来，即使写出来也可能错过了解决现实问题和发表文章的最佳时机。所以，关于文章修改，在自己的能力范围内，只要保证没有原则性错误和由于不仔细所带来的低级错误即可。在文章写作过程中，建议先写出来，之后在不断的推敲与打磨中修改润色。"临渊羡鱼，不如退而结网。"写论文，第一步是写，只有先写出来，才能做进一步的修改；只有投稿了，才能了解自己的不足。

在论文投稿过程中，需要注意以下问题。

第一，投稿要符合期刊风格。有些期刊侧重于刊登政策偏强的文章，有些期刊侧重于刊登时政类或文字类文章，有些期刊更多地发表某一领域的文章。因此，在投稿前，需要通过阅读期刊近期发表的文章，了解期刊风格，做到有的放矢，提高投稿通过率。

第二，投稿前，要按照期刊要求修改格式。在找到拟投稿的期刊后，需要浏览期刊的投稿须知和近期刊登的文章，按照相关要求修改格式，以提高投稿通过率。要牢记，按要求修改格式是态度问题，而不是能力问题。

第三，了解期刊的投稿方式。期刊有不同的投稿方式，如邮寄纸质文章投稿、电子邮箱投稿、投稿系统投稿等。投稿前需要了解期刊投稿须知，按照要求投稿。

第四，不要相信中介机构或通过搜索引擎查到的投稿方式。部分作者在投稿过程中往往轻信中介或通过搜索引擎查找投稿方式，但是中介机构鱼目混珠，搜索引擎提供的投稿方式也存在虚假内容。因此，在投稿时，不要相信中介机构的宣传，也不要使用搜索引擎查找投稿方式。要通过期刊官方网站查找期刊投稿须知，按照相关要求进行投稿。对于英文稿件，在投稿前，可以浏览 Taylor & Francis、Google Scholar、Journal Citation Reports（JCR）查找英文期刊的相关信息，也可以通过微信小程序"查与投"获取相关信息。

第五，在投稿之前，可以通过浏览一些社交网站了解投稿难易程度，但通过社交网站了解到的投稿难易程度信息往往存在一定的偏差，发表过某一期刊的作者，往往觉得投稿该期刊相对容易，但被该期刊拒稿的作者，又会觉得该期刊投稿较难。因此，通过浏览社交网站了解到的投稿难易程度只是一个参考，不能将其视为是否向某一期刊投稿的唯一标准。

第六，投稿过程也需有一个从相对较低级别刊物向高级别刊物过渡的过程。最初写的论文往往投稿到级别较低的刊物，这一方面是由作者的研究水平决定的；另一方面，级别较低的刊物相对更容易发表，能够增强作者的自信心[①]。随着研究和写作能力的提高，一定要在适当时间冲击高水平刊物，接受更加挑剔

[①] 这里指的较低级别的刊物同样是有着严格三审制度的刊物，不是那种不在南大核心、北大核心、JCR 目录、SSCI 目录、中科院目录中的刊物。如果将自己的论文大量发表在非上述目录的刊物中，往往会让编辑觉得作者的学术能力有待提高，反而会降低稿件的通过率，特别是降低高水平刊物的投稿通过率。

的外审意见，从而提高自己的研究和写作能力。

第六节　双重视角类型论文写作要点

在近年的经济学论文中，有一种类型的论文往往不是采用单一指标的研究，而是采用两个指标，研究两个指标对某一变量的影响。这类论文在题目中往往以"X对Y的影响——基于A和B双重视角的研究"的形式出现，如"环境规制如何影响劳动力流动：基于人口跨市流入流出双重视角的分析"[①]"数字普惠金融如何影响家庭过度负债？——基于主客观双重视角的微观证据"[②]等。

一、双重视角类型论文的优点

双重视角类型的论文一般主要包括两种情况。

第一种情况，研究的是自变量（X）对两个因变量（Y_1、Y_2）的影响，前文给出的两篇论文的题目均属此类。第二种情况，研究的是X对Y的影响，但在作用机制方面，明确提出两个不同的机制。对于第一种情况，往往是由于因变量（Y）包含Y_1和Y_2，如果单纯研究自变量（X）对某一个因变量Y_1或Y_2的影响，则无法完整反映出自变量（X）对因变量（Y）的影响，因此，采用双重视角的方式，同时研究自变量（X）对两个因变量（Y_1、Y_2）的影响来较为全面反映自变量（X）对因变量（Y）的影响。对于第二种情况，由于提出了自变量（X）对因变量（Y）的不同影响机制，因此可以比较全面反映自变量（X）通过何种途径对因变量（Y）产生影响。

总的来说，双重视角类型的论文相对于单一变量类型的题目，研究要更加全面、细致。

二、双重视角类型论文写作的细节

第一，对于"X对Y的影响——基于A和B双重视角的研究"类型的论文，

[①] 马坤，代栓平. 环境规制如何影响劳动力流动：基于人口跨市流入流出双重视角的分析[J]. 数量经济技术经济研究，2024(4)：1-22.

[②] 张中祥，胡雅慧. 数字普惠金融如何影响家庭过度负债？——基于主客观双重视角的微观证据[J]. 经济学（季刊），2024，24(2)：643-660.

对于前文所提到的第一种情况，A 和 B 之间要有紧密的联系，即 A 和 B 要能反映同一个变量的不同方面，而不是简单地将两个变量拼凑成双重视角。如"环境规制如何影响劳动力流动：基于人口跨市流入流出双重视角的分析"一文介绍了劳动力流动，同时包含流入和流出两个方面。对于前面所提到的第二种情况，即提出两个不同的机制，两个机制之间也要具有一定的联系，是对同一个变量从不同角度进行的划分。

第二，双重视角，只能发生在因变量上，不能发生在自变量上，即写作双重视角类型的论文时，一定是自变量（X）对两个因变量（Y_1、Y_2）的影响。对于目前的经济学论文，如果要分析两个自变量（X_1，X_2）对一个因变量（Y）的影响，一般会采用"X_1、X_2 对 Y 的影响"这种标题。

第三，在双重视角类型的论文中，两个因变量同等重要。在摘要部分，需要明确提出自变量对两个因变量的影响结果；在提出研究假说部分，需要同时提出对两个因变量的研究假说；在实证检验部分，也需要同时检验自变量对两个因变量的影响。

第七节　人工智能与经济学论文写作

近年来，随着人工智能（Artificial Intelligence，AI）的兴起，使用人工智能软件辅助经济学研究和经济学论文撰写的现象越来越普遍，人工智能越来越成为经济学研究和经济学论文撰写必不可少的工具之一。那么，人工智能在经济学研究和经济学论文撰写的过程中，其优势是什么？有哪些需要注意的问题？本节将对此作简要介绍。

一、人工智能的含义

人工智能是研究使用计算机来模拟人的某些思维过程和智能行为（如学习、推理、思考、规划等）的学科，主要包括计算机实现智能的原理、制造类似于人类智能的计算机，使计算机能实现更高层次的应用。人工智能涉及计算机科学、心理学、哲学和语言学等学科，几乎囊括自然科学和社会科学的所有学科，其范围已远远超出了计算机科学的范畴。美国麻省理工学院的温斯顿教授认为："人工智能就是研究如何使计算机去做过去只有人才能做的智能工作。"马斯克指出，在人工智能机器学习面具之下的本质仍然是统计[①]。

目前比较流行的人工智能写作软件包括 ChatGPT、Google Bard、博思白板 boardmix、Dall-E2、百度文库 AI 写作助手等。

二、人工智能在经济学论文写作中的应用

在经济学研究过程中，对于人工智能的应用主要包括以下三个方面：一是文献等资料管理软件；二是大数据分析软件；三是文献写作工具。

随着人工智能的发展，其在促进经济学研究和经济学论文写作的过程中有着十分重要的意义。

第一，人工智能软件有助于提高文献阅读的效率。首先，目前可以将人工智能软件作为文献管理软件来使用，基于相关文献，可以使用人工智能软件较为快速地提炼出文献的研究问题、主要观点和研究结论、使用方法、论证步骤等相关内容，也可以利用人工智能软件对不同文献进行对比等，这极大提高了文献阅读的效率。其次，人工智能软件还可以作为会议纪要管理软件，提高会议记录的效率。最后，人工智能软件可以作为翻译软件，提高阅读外文文献的效率。

第二，使用大数据分析软件可以提升对经济现象的分析能力。数据作为不可或缺的要素，在现代经济学研究中起着至关重要的作用，特别是对大数据的分析，对经济学研究质量的作用日益显著。人工智能软件能够更为快速地搜集、处理、分析海量数据，提升对经济现象的分析能力。

第三，人工智能软件有助于提高经济学论文写作效率。人工智能软件能够快速给出论文的结构、不同变量之间的关系，辅助论文的撰写，自动生成基本符合语法的文字，省去了论文写作过程中"码字"的辛苦，这都将提高经济学论文写作的效率。此外，人工智能软件还可以帮助修改论文，包括查找论文中的错别字、病句，润色语句，特别是在英文论文的写作中，可以利用人工智能软件对论文初稿进行修改，以使论文更加符合英文表达习惯。

三、人工智能在经济学论文写作中的注意事项

由于目前人工智能仍处于发展阶段，无法完全替代人脑，因此，在利用人工

---

① 资料来源：百度百科。

智能辅助经济学论文写作的过程中，仍会存在一些问题，需要引起作者的注意。

第一，能否利用人工智能软件辅助经济学论文撰写，从而提高论文写作效率，在很大程度上取决于对人工智能的提问方式。如果能够熟悉人工智能的工作原理，依据人工智能软件熟悉的方式进行提问，那么，人工智能会辅助经济学论文写作的效率将会提升；反之，如果一味地寄希望于人工智能来撰写论文，而不是采用合适的提问方式，一步一步引导人工智能软件给出合适的"答案"，其结果可能是人工智能非但无法提高论文写作效率，还可能给出一篇完全不符合规范的经济学论文。

专栏4-3

对ChatGPT4.0进行提问的范例

你是一名政策分析的专家和经济学家，擅长所有领域知识，并深入了解各项政策的运行逻辑。你对各项政策对行业的作用方式和影响有全面和深入的理解。接下来，我会提供一个系列政策文本。请先仔细阅读提供的政策文本，然后按照指示对提供的文本进行思考和分析。最后，依据思考和分析的结果，回答与这些政策对行业的影响相关的问题。

请注意，务必在按照指示一步步进行深入、全面的分析之后再回答问题，不要急于回答问题！

---------------------- 政策表格 ----------------------

{policy_list}

---------------------- 政策表格结束 ----------------------

步骤1 仔细、全面地思考表格中的政策，以深入地理解每一项政策的适用行业、适用地理区域、实施条件、实施目的、具体操作。在此基础上，思考政策的每一条内容如何产生影响以及对哪些行业产生影响。

请注意，你的思考和分析应基于可靠的知识来源，例如，同行评审的学术出版物、行业报告、政府机构的产品分类表和投入-产出表，以及维基百科中权威的文章！

步骤2 仔细阅读政策文本，基于同行评审的学术出版物、行业报告、权威技术指南、维基百科中权威的文章等可靠的知识来源，全面理解政策。

步骤3 仔细阅读政策并逐一分析政策中的每一句话与行业的关联。请注意，这些行业应该来自以下的行业代码表中。

---------------------- 行业代码表格 ----------------------

{industry_list}

---------------------- 行业代码表格结束 ----------------------

步骤 4　对每一个政策，考虑以下方面来确定该政策扶持了哪些行业：

4a. 该政策提到了什么行业（来自行业代码表）？

4b. 若提到了某个行业或企业，提出的语境和政策表达的态度是什么？

4c. 若对提到的行业或企业进行扶持，该行业或企业需要满足哪些要求才能得到该政策的扶持？

步骤 5　对每一条提到行业的政策，确定与扶持政策相关的以下内容：

5a. 该政策是否直接对所提到的行业进行资金支持？

5b. 若非直接资金支持，该政策的扶持方式是什么？

5c. 该政策对所提到行业的扶持力度有多大？

5d. 所提到的行业中哪些企业可以受到扶持？

步骤 6　根据政策文本，确定其对所提及行业的扶持如何支持该政策发布的核心目的：

6a. 思考该政策发布的核心目的。

6b. 判断：该政策扶持的其他行业对所提及行业的替代性有多高？

步骤 7　基于你对宏观政策和所提及行业的全面、深刻理解，对于影响或扶持所提及行业的每一个政策，思考其对所提及行业以下维度的影响大小：

7a. 对所提及行业投入资金方面的影响。

7b. 对所提及行业人才输入方面的影响。

7c. 对所提及行业制造能力方面的影响。

7d. 对所提及行业销售能力方面的影响。

-------------------------- 指示结束 --------------------------

-------------------- 问题及格式要求开始 --------------------

根据政策表格文件和行业代码表格中的内容和你的思考，对每一个文本逐一进行分析，分别回答以下问题，并返还给我一个 excel 文件，其中第一列是 id，第二列是 title，其后依次是以下问题的答案：

1. 该政策扶持的行业有哪些？列出行业名称和行业代码。

2. 你做出判断的理由是什么？请详细回答。

第二，人工智能软件在给出建议时，其所依据的可能并不是已经发表的论文，而是人工智能软件自己杜撰出来的论文。对于这个问题，作者曾经随机给人工智能软件 ChatGPT 一个论文题目，让其搜索相关文献，给出相关写作建议。但 ChatGPT 所给出的 10 余篇中文论文全部为杜撰出来的，没有一篇论文能够在中国知网上查到相关文献。因此，在使用人工智能软件提供的相关文献时，一定要通过其他途径确认这些文献是否真实存在。

第三，基于人工智能写出的论文，其文字表述方式可能并不完全符合语法规范，仍需进一步修改，这一点无论对于中文论文写作还是英文论文写作均适用。其原因在于，人工智能本质上采用的是一种基于大数据的"试错"的方式进行学习，只有更多的人使用人工智能软件，其才能在文字表述上更加符合人类正常的表述方式，因此早期的人工智能软件往往存在虽然能够看懂，但词不达意的情况。因此，在论文写作完成之后，仍需对文章的文字、语法进行详细的修改，以使其符合语法规范。更为重要的是，在利用人工智能软件辅助写作时，其往往会以类似于"关于你所提出的问题，存在以下观点"之类的文字开头，在使用人工智能软件时需要对这些文字多加留意，不能使其出现在论文的终稿之中。

第四，人工智能软件在给出论文的主要观点时，有时考虑并不全面，没有纳入最新的研究成果，往往与依靠直觉分析或与没有系统受过经济学训练的人所给出的观点一致。有些观点有时是经不起严格的基于经济学基本理论论证的。

第五，关于人工智能软件的知识产权和付费问题，一是目前大多数人工智能软件需要支付较高的使用费才能使用，如 ChatGPT 的基础模型是免费的，用户可以在 ChatGPT 的官方网站上注册账号，免费使用该模型进行对话和文本创作。但是，一些高级功能是需要付费的。2023 年 3 月起，OpenAI 正式推出 ChatGPT Plus，使用费为每月 20 美元。较高的使用费限制了人工智能的应用。二是随着世界政治经济形势日益复杂，部分人工智能软件可能会出现对部分国家和地区禁用的现象，这也限制了未来人工智能在经济学研究和经济学论文写作中的应用。

第八节　本　章　小　结

本章主要对经济学论文写作过程中的一些细节问题进行了简要介绍，具体包括论文中的图表和注释的写作、论文中数据的查找和处理、概念框架的设定、论文的写作和修改、论文投稿、双重视角类型论文写作、人工智能与经济学论文写作等。通过对这些论文写作中细节的学习，可以避免在论文写作和发表过程中出现一些错误，从而提高论文的可读性和严谨程度。需要指出的是，虽然本章列出了一系列经济学论文写作中需要注意的细节问题，但仍有一些问题是本章没有考虑到的，需要读者在论文写作过程中不断学习和摸索，在写作过程中积累经验，从而提高经济学论文的写作能力。

思考题

1. 如果论文表格存在数据缺失，应如何对缺失的数据进行标注？
2. 如何分析图表？
3. 如何查找数据？
4. 论文中概念框架的作用是什么？
5. 如何形成论文的概念框架？
6. 论文投稿过程中需要注意哪些问题？
7. 如何提高论文写作水平，应该注意哪些细节？
8. 对于双重视角类型的论文，需要注意哪些问题？
9. 在使用人工智能软件辅助撰写经济学论文的过程中，应注意哪些问题？

即测即练

自学自测　扫描此码

第五章

计量经济学软件简介

在现代经济中，由于海量数据的出现，对数据清洗、数据描述、数据分析、计量模型计算的依赖程度越来越高，相应地，计量经济学软件的使用就变成了经济学各专业本科生一项必会的技能。因此，本章主要对计量经济学常用的 SPSS、Eviews、SAS、Stata、MATLAB、R、Python 等相关软件作简要介绍，并简要分析这些计量经济学软件的优劣。参考文献中也列出了一些计量经济学软件的常用参考教材，供有兴趣的读者参考。在这些参考教材中，由于作者本人对于 Eviews、Stata、MATLAB 和 Python 这 4 种软件均有所涉及，所有列出的参考教材都是我个人使用过的，其他 3 种软件的参考教材主要来自网上对软件教材的综合评价。建议对于以后有兴趣从事科研的同学，上述的 7 种软件至少要掌握 3 种。作为初学者要掌握 Eviews，而后进一步学习 Stata 和 MATLAB。对于有基础的同学，还应在此基础上学习 Python，用于数据爬取和数据分析。此外，对于数据分析，电子工业出版社出版的"谁说菜鸟不会数据分析"系列，也是可以作为参考读物的。该系列图书对于如何使用 Excel 及各种统计软件进行数据分析提供了简单明了的说明。在实践应用过程中，如果对于某个软件的某项命令不熟悉，还需要上网自行查询相关命令，以满足使用需要。在对上述计量经济学软件进行简要介绍的基础上，本章的最后还对一般均衡分析和局部均衡分析所使用的软件，可计算的一般均衡模型（Computable General Equilibrium，CGE）和 Single Market Partial Equilibrium Simulation Tool（SMART），进行了简要介绍。

第一节　SPSS 简介

一、SPSS 概述

SPSS（Statistical Product and Service Solutions，"统计产品与服务解决方案"软件），是最早的采用图形菜单驱动界面的统计学分析软件。SPSS 为 IBM 公司推出的一系列用于统计学分析运算、数据挖掘、预测分析和决策支持任务的软件产品及相关服务的总称，有 Windows 和 Mac OS X 等版本。

SPSS 最突出的特点就是操作界面友好，输出结果美观漂亮。它将几乎所有的功能都以统一、规范的界面展现出来，使用 Windows 的窗口方式展示各种管理和分析数据方法的功能，对话框展示出各种功能选择项。用户只要掌握一定的 Windows 操作技能，精通统计分析原理，就可以使用该软件为特定的科研工作服务。SPSS 采用类似 Excel 表格的方式输入与管理数据，数据接口较为通用，能方便地从其他数据库中读入数据。其统计过程包括常用的、较为成熟的统计过程，完全可以满足非专业统计人士的工作需要。输出结果美观，存储时则是专用的 SPO 格式，可以转存为 HTML 格式和文本格式。对于熟悉老版本编程运行方式的用户，SPSS 还特别设计了语法生成窗口，用户只需在菜单中选好各个选项，然后单击"粘贴"按钮就可以自动生成标准的 SPSS 程序，极大方便了中高级用户。SPSS 的分析结果清晰、直观、易学易用，而且可以直接读取 Excel 及 DBF 数据文件，现已推广到各种操作系统的计算机上。

二、SPSS 的优点

第一，操作简便。界面友好，除了数据录入及部分命令程序等少数输入工作需要键盘录入外，大多数操作可通过鼠标拖曳、单击"菜单""按钮"和"对话框"来完成。相对于大部分需要编程来获得结果的软件，SPSS 具有无可比拟的优势。

第二，功能强大。具有完整的数据输入、编辑、统计分析、报表、图形制作等功能，自带 11 种类型、136 个函数。SPSS 提供了从简单的统计描述到复杂的多因素统计分析方法，比如数据的探索性分析、统计描述、列联表分析、二维相关、秩相关、偏相关、方差分析、非参数检验、多元回归、生存分析、协方差分析、判别分析、因子分析、聚类分析、非线性回归、Logistic 回归分析等。

第三，数据接口众多，可以满足多种格式文件的输入和输出。SPSS 能够读取及输出多种格式的文件，比如，由 dBASE、FoxBASE、FoxPRO 产生的.dbf 文件、文本编辑器软件生成的 ASCⅡ数据文件、Excel 的.xls 文件等均可转换成可供分析的 SPSS 数据文件；能够把 SPSS 的图形转换为 7 种图形文件，结果可保存为.txt 及 HTML 格式的文件。

第四，模块组合。SPSS 软件分为若干功能模块，用户可以根据自己的分析需要和计算机的实际配置情况灵活选择。

第五，针对性强。SPSS 针对初学者、熟练者及精通者都比较适用，并且很多群体只需要掌握简单的操作分析即可，因此他们大多青睐于 SPSS。

三、SPSS 的缺点

由于 SPSS 主要是统计软件，而非专业数据处理和计量软件，因此，SPSS 的缺点主要体现在以下三个方面。

第一，处理大型数据时，SPSS 在进行数据清洗、合并等方面的工作时比较困难。

第二，在计量方法上，由于 SPSS 大多数情况下使用鼠标指针对界面进行操作，并且 SPSS 更多的是统计软件，而非专业计量经济学软件，缺少大量新出现的计量经济学方法，因此，SPSS 只能进行相对简单的计量经济学的操作。

第三，与 Stata 不同，SPSS 无法使用大量外部命令，这也使得 SPSS 在数据处理和使用新的计量经济学方法上存在较大的劣势。

四、简要总结

相对其他软件而言，SPSS 更多进行统计学、生物学、教育学、管理学等方面的研究，由于现代经济学往往需要处理海量数据，加之越来越复杂的计量经济学方法需要采用编程的方式来实现，SPSS 的可视化操作显然无法胜任经济学对于软件的需求，因此，SPSS 对于现代经济学论文写作上的帮助不是很大，更多时候 SPSS 是作为一种辅助的统计软件出现的。近年来，仅仅使用 SPSS 来完成经济学论文的数据和计量分析工作是很少见的。

第二节　Eviews 简介

一、Eviews 概述

Eviews 是 Econometrics Views 的缩写，直译为计量经济学观察，通常称为计量经济学软件包，是专门为大型机构开发的、用以处理时间序列数据的时间序列软件。它的本意是对社会经济关系与经济活动的数量规律，采用计量经济学方法与技术进行"观察"。计量经济学研究的核心是设计模型、收集资料、估计模型、检验模型、应用模型（结构分析、经济预测、政策评价）。Eviews 是完成上述任务比较得力且必不可少的工具。正是由于 Eviews 等计量经济学软件包的出现，计量经济学才取得了长足的进步，发展成为兼顾实用性与严谨性的经济学科。

虽然 Eviews 由经济学家开发，而且主要用于经济学领域，但是从软件包的设计来看，Eviews 的运用领域并不局限于处理经济时间序列。即使是跨部门的大型项目，也可以采用 Eviews 进行处理。

Eviews 处理的基本数据对象是时间序列，每个序列有一个名称，只要提及序列的名称就可以对序列中所有的观察值进行操作。Eviews 允许用户以简便的可视化方式从键盘或磁盘文件中输入数据，根据已有的序列生成新的序列，在屏幕上显示序列或用打印机上打印输出序列，对序列之间存在的关系进行统计分析。Eviews 具有操作简便且可视化的操作风格，体现在从键盘输入数据序列、依据已有序列生成新序列、显示和打印序列，以及对序列之间存在的关系进行统计分析等方面。

二、Eviews 的优点

第一，具有现代 Windows 软件可视化操作的优良性。可以使用鼠标对标准的 Windows 菜单和对话框进行操作。操作结果显现在窗口中，并能采用标准的 Windows 技术对操作结果进行处理。

第二，Eviews 拥有强大的命令功能和批处理语言功能。在 Eviews 的命令行中输入、编辑和执行命令，在程序文件中建立和存储命令，以便在后续的研究项目中使用这些程序。

第三，操作简单，适合初学者。Eviews 在建立模型求解上有独特的优势。如果只做一些应用的计量经济学模型和经验分析，虽然其可以采用命令的方式进行，但在大多数情况下，基本上可以采用菜单和对话框实现，适合数学基础不是很高、以经济学研究为主的研究者学习。

第四，时间序列部分更强。Eviews 处理回归方程是它的长处，能处理一般的回归，包括多元回归问题，但相较于其他计量经济学软件，Eviews 更偏向于计量经济学领域中的时间序列部分，可以较好地处理时间序列计量经济学模型。

三、Eviews 的缺点

第一，不灵活，无法提供外部命令，可持续性较弱。当需要使用定制的模型分析数据时，由于没有办法使用外部命令，对这些较新的或者自行设计的模型，Eviews 基本无能为力。

第二，Eviews 在数据处理上的能力较弱。由于 Eviews 只能使用软件本身提供的命令，对于处理大型数据，特别是当需要对来自不同数据库的数据进行合并时，Eviews 无法提供相应的解决办法。

第三，不是所有功能都能通过菜单命令实现。由于 Eviews 相对简单的操作，对于大部分命令，是无法通过编程的方式来实现的。因此，对于一些相对复杂的计量操作，Eviews 是无法实现的。在这一点上，Eviews 与 Stata 相比，有较大的局限性。

第四，Eviews 的处理过程（傻瓜菜单）是个黑箱，出来的结果可能不够精确，甚至可能会为得到一些结论制造一些错误结果，可信度不是很高。

四、简要总结

使用 Eviews 软件包的优势在于，简单易学，可以对时间序列数据和非时间序列数据进行分析，通过建立序列（变量）间的统计关系式，并利用该关系式进行预测、模拟等。虽然 Eviews 是由经济学家开发的，并且大多数被用于经济学领域，但不意味着必须限制该软件包仅只用于处理经济方面的时间序列，Eviews 处理非时间序列数据同样得心应手。实际上，相当大型的非时间序列数据（截面数据）的项目也能在 Eviews 中进行处理。大多数命令使用菜单操作即可实现，没有编程要求，无法提供外部命令，但在大数据时代，当需要处理海量数据时，Eviews 的缺陷就显而易见了。因此，总体来说，Eviews 只适用于计量经济学的初学者，当需要深入学习计量经济学时，就需要将其与其他软件配合使用。

第三节 SAS 简介

一、SAS 概述

SAS 是美国 SAS 软件研究所研制的一套大型集成应用软件系统，具有完备的数据存取、数据管理、数据分析和数据展现功能，尤其是创业产品——统计分析系统部分，具有强大的数据分析能力，一直作为业界著名软件，在数据处理和统计分析领域，被誉为"国际上的标准软件"和"权威的优秀统计软件包"，广泛应用于政府行政管理、科研、教育、生产和金融等不同领域。SAS 系统中提供的主要分析功能包括统计分析、经济计量分析、时间序列分析、决策分析、财务分析和全面质量管理工具等。

SAS 系统作为一个组合软件系统，由多个功能模块组合而成，其基本部分是 BASE SAS 模块。BASE SAS 模块是 SAS 系统的核心，承担着主要的数据管理任务，并管理用户使用环境，进行用户语言的处理，调用其他 SAS 模块和产品。也就是说，SAS 系统的运行，首先必须启动 BASE SAS 模块，它除了本身所具有的数据管理、程序设计及描述统计计算功能以外，还是 SAS 系统的中央调度室，可单独存在，也可与其他产品或模块共同构成一个完整的系统。SAS 系统具有灵活的功能扩展接口和强大的功能模块，在 BASE SAS 的基础上还可以增加如下不同的模块，并且增加不同的功能：SAS/STAT（统计分析模块）、SAS/GRAPH（绘图模块）、SAS/QC（质量控制模块）、SAS/ETS（计量经济学和时间序列分析模块）、SAS/OR（运筹学模块）、SAS/IML（交互式矩阵程序设计语言模块）、SAS/FSP（快速数据处理的交互式菜单系统模块）、SAS/AF（交互式全屏幕软件应用系统模块）等。SAS 有一个智能型绘图系统，不仅能绘制各种统计图，还能绘制地图。SAS 提供多个统计过程，每个过程均含有极丰富的任选项。用户还可以通过对数据集的一系列加工实现更复杂的统计分析。此外，SAS 还提供了各类概率分析函数、分位数函数、样本统计函数和随机数生成函数，使用户能方便地实现特殊统计要求。

二、SAS 的优点

第一，在数据管理方面，SAS 是非常强大的，能让使用者采用任何可能的方式来处理相关数据。SAS 包含 SQL（结构化查询语言）过程，可以在 SAS 数据集中使用 SQL 查询。

第二，SAS 可以同时处理多个数据文件，提高工作效率。

第三，SAS 能够进行大多数统计分析（回归分析、Logistic 回归、生存分析、方差分析、因子分析、多变量分析）。SAS 的优势在于它的方差分析、混合模型分析和多变量分析，劣势主要是有序和多元 Logistic 回归（因为这些命令很难），以及稳健方法（它难以完成稳健回归和其他稳健方法）。

第四，绘图功能强大。在所有的统计软件中，SAS 有最强大的绘图工具，由 SAS/Graph 模块提供支持。

三、SAS 的缺点

第一，难掌握，学习时间长。由于 SAS 系统是从大型机系统发展而来的，其操作至今仍以编程为主，人机对话界面不太友好，系统地学习和掌握 SAS 需要花费一定的时间和精力。使用 SAS 时需要编写 SAS 程序来处理数据，进行分析。如果程序中出现了一个错误，要找到并改正这个错误将是困难的。而且，学习并掌握 SAS 软件的数据管理需要很长的时间。

第二，SAS/Graph 模块的学习也是非常专业而复杂的，图形的制作主要使用程序语言。SAS 虽然可以通过点击鼠标来交互式地绘图，但并不像 SPSS 那样简单。

第三，SAS 的劣势主要是有序和多元 Logistic 回归（因为这些命令很难），以及稳健方法（它难以完成稳健回归和其他稳健方法）。尽管 SAS 支持调查数据的分析，但与 Stata 相比仍然是相当有限的。

第四，最为关键的是，SAS 的定位是一款统计学软件，而非计量经济学软件。因此，在使用计量经济学的相关方法时，SAS 的缺陷就显现出来了，如无法使用较为先进的计量经济学方法、无法迅速使用大量的外部命令等。

四、简要总结

SAS 作为一种统计软件，适合统计分析和高级用户使用，不适用于计量经济学领域和初学者。SAS 作为专业统计软件的核心，目前还很难有其他统计软件足以与之抗衡。它的学习过程是艰苦的，最初的阶段会使人灰心丧气，并且对于经济学研究中所使用的大量基于因果推断的计量经济学方法来说，SAS 的功能仍旧无法与 Stata 相比，但其学习的难度却远远超过 Stata。

第四节 Stata 简介

一、Stata 概述

Stata 是一套为使用者提供用于数据分析、数据管理及绘制专业图表的完整及综合性统计软件。它提供众多功能，包含线性混合模型、均衡重复模型及多项式普罗比模式。Stata 是一个统计分析软件，但也具有强大的程序语言功能，这给用户提供了一个广阔的开发应用的天地。用户可以充分发挥自己的聪明才智，熟练应用各种技巧，真正做到随心所欲。Stata 的统计功能很强，除了传统的统计分析方法外，还收集了近 20 年发展起来的新方法，如 Cox 比例风险回归、指数与 Weibull 回归、多类结果与有序结果的 Logistic 回归、Poisson 回归、负二项回归及广义负二项回归、随机效应模型等。Stata 作为一个小型的统计软件，其统计分析能力远远超过了 SPSS，同时在许多方面也超过了 SAS。由于 Stata 在分析时将数据全部读入内存，在计算全部完成后才和磁盘交换数据，因此其运算速度极快（一般来说，SAS 的运算速度要比 SPSS 至少快一个数量级，而 Stata 的某些模块和执行同样功能的 SAS 模块比，其速度又比 SAS 快将近一个数量级）。Stata 也是采用命令执行方式来操作，但使用上远比 SAS 简单。其生存数据分析、纵向数据（重复测量数据）分析等模块的功能甚至超过了 SAS。用 Stata 绘制的统计图形相当精美，很有特色。目前经济学实证论文大多以 Stata 作为处理数据、进行计量经济学分析的工具。

二、Stata 的优点

第一，Stata 在对用户友好和开放性的平衡方面做得很好，上手难度适中，同时也支持较为自由的程序编写。Stata 的许多高级统计模块均是编程人员用其宏语言写成的程序文件（ADO 文件），这些文件可以自行修改、添加和下载。用户可随时到 Stata 网站寻找并下载最新的升级文件。

第二，Stata 编程语言更方便。Stata 以其简单易懂和强大的功能受到初学者和高级用户的普遍欢迎，使用时可以每次只输入一个命令（适合初学者），也可以通过一个 Stata 程序一次输入多个命令（适合高级用户）。这样的话，即使发生错误，也较容易找出并加以修改。

第三，Stata 的用户群非常庞大，大量用户编写了海量的外部命令，可以供其他 Stata 用户下载后直接作为命令库中的命令使用，有一些比较新的功能，例如空间计量分析、因果推断分析等新的分析方法，可以较快地使用命令处理。在每一个新版本中，Stata 还根据需要将部分外部命令变为 Stata 自带命令，提高了 Stata 的适用性。

第四，Stata 的速度很快，有多核的版本，而且数据读到内存里，不读到硬盘里。

第五，Stata 的可移植性很好，可以跨平台，在不同的操作系统运行。近年来，Stata 还开发出了可以和 R 语言等交互使用的方法，实现与不同软件之间的衔接。

第六，Stata 最大的优势可能在于计量经济学的相关分析方法、回归分析（它包含易于使用的回归分析特征工具）、Logistic 回归（附有解释 Logistic 回归结果的程序，易用于有序和多元 Logistic 回归）。Stata 也有一系列很好的稳健方法，包括稳健回归、稳健标准误估计的回归，以及其他包含稳健标准误估计的命令。此外，在调查数据分析领域，Stata 有着明显优势，能提供回归分析、Logistic 回归、泊松回归、概率回归等的调查数据分析。

三、Stata 的缺点

第一，Stata 最大的缺点应该是数据接口太简单，实际上只能读入文本格式的数据文件；其数据管理界面也过于单调，和豪华的 Windows 9X 平台不太相称。

第二，准确地说，Stata 其实是一种数据处理软件和计量经济学软件，其不足之处在于，对于传统的统计分析方法，如方差分析和传统的多变量方法（多变量方差分析、判别分析等）涉及不多，但如果考虑目前计量经济学方法的难度已经远超统计学方法，Stata 的这一弱点也已被其强大的计量经济学相关功能所弥补。

第三，Stata 在处理基于矩阵的计算、绘图、数值模拟等相关问题方面，其计算功能远不及 MATLAB 软件。

四、简要总结

Stata 较好地实现了使用简便和功能强大两者的结合。简单易学，在数据管理和许多前沿统计方法中的功能非常强大，同时兼顾了数据处理、数据分析、绘图、计量操作等多种功能，用户既可以很容易地下载别人已有的程序，也可以自己编写程序，并使之与 Stata 紧密结合。所以，Stata 是目前经济学实证论文所使用的最主要的软件，国际和国内顶级经济学期刊中的实证研究基本上是由 Stata 完成的。因此，Stata 也是目前经济学实证研究中所必备的计量软件之一。

第五节　MATLAB 简介

一、MATLAB 概述

MATLAB（Matrix Laboratory，矩阵实验室）是美国 MathWorks 公司出品的商业数学软件，用于数据分析、无线通信、深度学习、图像处理与计算机视觉、信号处理、量化金融与风险管理、机器人、控制系统等领域。软件主要面对科学计算、可视化及交互式程序设计等高科技计算环境。它将数值分析、矩阵计算、科学数据可视化及非线性动态系统的建模和仿真等诸多强大功能集成在一个易于使用的视窗环境中，为科学研究、工程设计，以及必须进行有效数值计算的众多科学领域提供了一种全面的解决方案，并在很大程度上摆脱了传统非交互式程序设计语言（如 C、Fortran）的编辑模式。

MATLAB 与 Mathematica、Maple 并称为三大数学软件。它在数学类科技应用软件中的数值计算方面首屈一指。功能有矩阵运算、绘制函数和数据、实现算法、创建用户界面、连接其他编程语言的程序等。MATLAB 的基本数据单位是矩阵，它的指令表达式与数学、工程中常用的形式十分相似，故使用 MATLAB 来解决矩阵计算问题要比用 C、FORTRAN 等语言完成相同的事情简捷得多，并且 MATLAB 也吸收了 Maple 等软件的优点，使 MATLAB 成为一个强大的数学软件，其在新的版本中也加入了对 C、FORTRAN、C++、Java 的支持。

二、MATLAB 的优点

第一，高效的数值计算及符号计算功能，使用户从繁杂的数学运算分析中解脱出来。随着 MATLAB 的商业化及软件本身的不断升级，MATLAB 的用户界面也越来越精致，更加接近 Windows 的标准界面，人机交互性更强，操作更简单。新版本的 MATLAB 提供了完整的联机查询和帮助系统，极大方便了用户的使用。简单的编程环境提供了比较完备的调试系统，程序不必经过编译就可以直接运行，而且能够及时地报告出现的错误，以及进行出错原因分析。

第二，具有完备的图形处理功能，实现计算结果和编程的可视化，特别是在三维图形的绘制方面，MATLAB 具有其他经济学常用软件无可比拟的优势。

第三，友好的用户界面及接近数学表达式的自然化语言，使学习者易于学习和掌握。MATLAB 是一个高级的矩阵/阵列语言，它包含控制语句、函数、数据结构、输入和输出等面向对象编程特点。用户可以在命令窗口中将输入的语句与执行命令同步，也可以先编写好一个较大的复杂的应用程序（M 文件）后再一起运行。新版本的 MATLAB 语言基于最流行的 C++语言，因此语法特征与 C++语言极为相似，但更加简单，符合科技人员对数学表达式的书写格式，使之更利于非计算机专业的科技人员使用。而且这种语言可移植性好、可拓展性极强，这也是 MATLAB 能够深入科学研究及工程计算各个领域的重要原因。

第四，功能丰富的应用工具箱（如信号处理工具箱、通信工具箱等），为用户提供了大量方便实用的处理工具。MATLAB 是一个包含大量计算算法的集合。其拥有 600 多个工程中要用到的数学运算函数，可以方便地实现用户所需的各种计算功能。函数中所使用的算法都是科研和工程计算中的最新研究成果，而且经过了各种优化和容错处理。在通常情况下，可以用它来代替底层编程语言，如 C 和 C++ 。在计算要求相同的情况下，使用 MATLAB 编程工作量会大大减少。

第五，作为一种数学软件，MATLAB 的函数集包括从最简单、最基本的函数到诸如矩阵、特征向量、快速傅里叶变换等复杂函数。函数所能解决的问题大致包括矩阵运算和线性方程组的求解、微分方程及偏微分方程组的求解、符号运算、傅里叶变换和数据的统计分析、工程中的优化问题、稀疏矩阵运算、复数的各种运算、三角函数和其他初等数学运算、多维数组操作及建模动态仿真等。因此，MATLAB 在处理各种数学问题、模拟方面，具有其他统计软件无可比拟的优势。

三、MATLAB 的缺点

第一，循环运算效率低。MATLAB 中所有的变量均为向量形式，这样一方面在对向量进行整体计算时，其表现出其他语言难以表现出的高效率，但是对于向量中的单个元素，或是将向量作为单个的循环变量来处理时，其处理过程相当复杂。

第二，封装性不好。一方面，所有的变量均保存在公共工作区中，任何语句都可以调用。另一方面，MATLAB 为一个完备的软件，而不是实现算法的程序，编程人员在使用 MATLAB 时需要花相当多的时间考虑如何设计用户界面。虽然，MATLAB 提供了一定量的交互界面制作途径，但最终的代码仍然不可避免地被移植到较为"低级"的语言中，如 C、C++。

第三，对于各种计量经济学的方法无法快速处理。由于 MATLAB 是一个数学软件，而不是统计学或计量经济学软件，一旦遇到统计学或计量经济学的相关问题，如回归分析等，MATLAB 就变得异常烦琐。对于这类问题，MATLAB 往往需要使用者自己编写程序，而没有固定的命令可以使用，这也制约了 MATLAB 在统计学和计量经济学方面的应用。

第四，受国际政治经济环境的影响较大。受到国际政治经济环境的影响，2020 年，美国 MathWorks 公司出台规定，禁止部分中国高校和企业使用 MATLAB 软件，这导致了中国国内大量基于 MATLAB 软件来完成的工作无法开展。

四、简要总结

一方面，综合 MATLAB 的优劣势，选择 MATLAB 作为自己编程的平台，实际上是编程效率和运行效率两者之间的妥协。一般来说，对程序运行的时间没有特别的限定，选择 MATLAB 来编程便无可厚非了。而更重要的是，MATLAB

的程序简单易行，我们可以很方便地对现有的算法进行改进。另一方面，我们也要知道，MATLAB 更多是处理数学问题，对经济学专业而言，MATLAB 的主要作用在于处理矩阵、模拟、绘制三维图形等方面，而在统计学和计量经济学的相关方法上，具有较大的劣势。

第六节　R 简介

一、R 概述

R 属于 GNU 系统的一个自由、免费、源代码开放的软件，它是一个用于统计计算和统计制图的优秀工具。

R 主要用于统计分析、绘图的语言和操作环境，本来由新西兰奥克兰大学的 Ross Ihaka 和 Robert Gentleman 开发，现在由 "R 开发核心团队"负责开发。R 是基于 S 语言的一个 GNU 项目，所以也可以当作 S 语言的一种实现，通常用 S 语言编写的代码都可以不做修改地在 R 环境中运行。

二、R 的优点

第一，R 是一种开源软件。很多商业统计软件价格不菲，投入成千上万美元都是有可能的。而对于破解过的统计软件，其计算结果的准确性往往会被质疑。作为一种免费的开源软件，R 可以在其官网上免费下载，这一特征使 R 迅速成为科研工作者最为喜爱的软件之一。

第二，R 擅长统计分析方面的工作。R 最初是由两位统计学家开发的，其主要优势也在于统计分析方面。它提供了各种各样的数据处理和分析技术，几乎任何数据分析过程都可以在 R 中完成。与此相比较，SPSS、MINITAB、MATLAB 等数据分析软件更加适合已经处理好的、规范的数据，而对于还未完成的处理过程，或者在分析中仍需大量预处理过程的数据而言，它们可能会显得烦琐一些。

第三，R 具有顶尖的绘图功能。尤其对于复杂数据的可视化问题，R 的优势更加明显。一方面，R 中各种绘图函数和绘图参数的综合使用可以得到各式各样的图形结果，无论对于常用的直方图、饼图、条形图等，还是复杂的组合图、地图、热图、动画，以及脑子里突然想到的其他图形展现方式，都可以利用 R 语言实现。另一方面，R 从数值计算到得到图形结果的过程灵活，一旦程序编写完成后，如果需要修改数据或者调整图形，只需要修改几个参数或者直接替换原始数据即可，无须重复劳动。这对需要绘制大量同类图形的用户比较适用。例如，某用户需要观察某一因素与其他 100 个因素的交互关系，可以绘制 100 个条形图或走势图，配合 R 的循环和条形图功能，可以很快得到 JPG、PNG、BMP、TIFF、GIF 或 POSTSCRIPT 等格式的图形结果。

第四，R 的交互式数据分析功能强大且灵活。一个完整的数据分析过程大体包括以下几个步骤：（1）导入数据；（2）数据准备、探索和清洗；（3）拟合一个统计模型；（4）得到结果并进行评估；（5）如果结果的评估不理想，重复步骤（3）；（6）得到多个模型的结果，并进行交叉检验；（7）根据模型结果进行预测、分析等；（8）形成报告。R 中每个步骤的所有"输出"都可以直接作为下一个步骤的"输入"，可以批量完成以上所有步骤。这个优点主要是与 Stata、SPSS 等统计软件相对而言的，Stata 和 SPSS 的统计分析结果是一系列图表或统计量。如果只是一个或少数几个步骤彼此相关的分析，这种出现一系列结果的批处理更加直观方便。但如果分析中涉及很多系列的模型，而且一些模型需要反复调用前面模型的结果，那么 R 的灵活性也会更加凸显。

第五，R 可以轻松地从多个数据源导入数据，包括文本文件、数据库及其他统计软件等。这一点其他软件都难以做到。

第六，R 的更新速度很快，包含最新的统计方法和案例。

第七，目前 R 已经可以和其他多种软件实现衔接，如 R 与 Stata 之间的衔接等。

三、R 的缺点

第一，数据处理需要占用较大的内存。在 R 中，对象存储在物理内存中，与其他编程语言（如 Python）形成鲜明对比。与 Python 相比，R 使用更多的内存，它需要将整个数据放在内存中的一个位置。当我们处理大数据时，这不是理想的选择。

第二，基本安全性较差。R 缺乏基本的安全性。安全性是大多数编程语言（如 Python）的重要组成部分。因此，R 无法嵌入 Web 应用程序中，也存在很多限制。

第三，语言复杂。R 是一种非常复杂的语言，没有先验知识或编程经验的人学习 R 并不容易。

第四，起源薄弱。

第五，处理计量经济学问题较为困难。作为一种专业统计学软件，对于大量新出现的计量经济学方法而言，R 无法做到及时共享，这限制了 R 在计量经济学方面的应用。

四、简要总结

总体而言，R 是一种适用于统计分析、绘图的软件，其免费、开源的特点使其受到了不少相关专业从业人员的青睐，但因为其编程方法相对比较困难，以及其在处理计量经济学相关问题时无法使用较新的计量经济学方法，使得其只能处理一些比较基础的计量经济学问题，以及一部分经济学问题。因此，使用 R 时同样需要配合其他专业软件。

第七节　Python 简介

一、Python 概述

Python 由荷兰数学和计算机科学研究学会的吉多·范罗苏姆（Guido van Rossum）于 20 世纪 90 年代设计，作为一门 ABC 语言的替代品。Python 提供了高效的高级数据结构，还能简单有效地面向对象编程。Python 的语法和动态类型以及解释型语言的本质使它成为多数平台写脚本和快速开发应用的编程语言。随着版本的不断更新和语言新功能的添加，Python 逐渐被用于独立、大型项目的开发。因此，本质上说，Python 其实是一种编程软件，而不是计量经济学软件，其之所以被广泛地应用到经济学领域是由于其相对简单的编程语言，强大的爬取数据、处理数据、分析数据的能力。

Python 易于扩展，可以使用 C 或 C++（或者其他可以通过 C 调用的语言）扩展新的功能和数据类型。Python 也可用于定制化软件中的扩展程序语言。Python 丰富的标准库提供了适用于各个主要系统平台的源代码或机器码。

二、Python 的优点

第一，简单。Python 是一种代表简单主义思想的语言。阅读一个良好的

Python 程序就像在读英语一样。它使你能够专注于解决问题而不是去搞明白语言本身。

第二，易学。Python 极易上手，因为 Python 有极其简单的说明文档。

第三，运行速度较快。Python 的底层架构是用 C 语言写的，很多标准库和第三方库也都是用 C 语言写的，因此运行速度较快。

第四，开源。Python 是 FLOSS[①]（自由/开放源码软件）之一。使用者可以自由地发布这个软件的拷贝、阅读它的源代码、对它做改动、把它的一部分用于新的自由软件中。

第五，可移植性强。由于它的开源本质，Python 已经被移植在许多平台上（经过改动使它能够在不同平台上工作）。这些平台包括 Linux、Windows、FreeBSD、Macintosh、Solaris、OS/2、Amiga、AROS、AS/400、BeOS、OS/390、z/OS、Palm OS、QNX、VMS、Psion、Acom RISC OS、VxWorks、PlayStation、Sharp Zaurus、Windows CE、PocketPC、Symbian 及 Google 基于 Linux 开发的 Android 平台。

第六，解释性好。一个用编译性语言比如 C 或 C++写的程序可以从源文件（C 或 C++语言）转换到一个计算机使用的语言（二进制代码，即 0 和 1）。这个过程通过编译器和不同的标记、选项完成。运行程序的时候，连接/转载器软件把你的程序从硬盘复制到内存中并运行。而 Python 语言写的程序不需要编译成二进制代码，可以直接从源代码运行程序。在计算机内部，Python 解释器把源代码转换成字节码的中间形式，然后再把它翻译成计算机使用的机器语言并运行。这使得 Python 使用起来更加简单，也使得 Python 程序更加易于移植。

第七，面向对象丰富。Python 既支持面向过程的编程，也支持面向对象的编程。在"面向过程"的语言中，程序是由过程或仅仅是可重用代码的函数构建起来的。在"面向对象"的语言中，程序是由数据和功能组合而成的对象构建起来的。

第八，可扩展性。如果需要一段关键代码运行得更快或者希望某些算法不公开，可以部分程序用 C 或 C++编写，然后在 Python 程序中使用它们。

第九，丰富的资源库。Python 标准库很庞大，可以帮助处理各种工作，包

---

① FLOSS 是基于一个团体分享知识的概念。

括正则表达式、文档生成、单元测试、线程、数据库、网页浏览器、CGI、FTP、电子邮件、XML、XML-RPC、HTML、WAV 文件、密码系统、GUI（图形用户界面）、Tk 和其他与系统有关的操作。除了标准库以外，还有许多其他高质量的库，如 wxPython、Twisted 和 Python 图像库等。

第十，规范的代码。Python 采用的强制缩进的方式使得代码具有较好的可读性，并且 Python 语言写的程序不需要编译成二进制代码。

第十一，应用场景广泛。Python 作为一种语言，其应用场景相当广泛，既可以用于编程，制作各种程序，也可以用于爬取网络数据、处理数据、分析数据。目前，Python 已经成为金融领域必不可少的数据收集、分析和处理的软件之一。

三、Python 的缺点

第一，单行语句和命令行输出问题。很多时候不能将程序连写成一行，如 import sys；for i in sys.path：print i。而 perl 和 awk 就无此限制，可以较为方便地在 shell 下完成简单程序，不需要如 Python 一样必须将程序写入一个 .py 文件。

第二，独特的语法。这也许不应该被称为局限，但是它用缩进来区分语句关系的方式还是给很多初学者带来了困惑。即便是很有经验的 Python 程序员，也可能陷入这一"陷阱"当中。

第三，运行速度慢。无法与 C 和 C++的运行速度相比。

第四，代码加密困难。不像编译型语言的源代码那样会被编译成可执行程序序，Python 是直接运行源代码，因此对源代码加密比较困难。

第五，需要掌握的内容相对繁杂，必须有所选择。相对于其他软件，由于 Python 所能完成的工作更多，完成不同工作所需要的编程命令也不尽相同，因此，完整掌握 Python 的所有命令几乎是一件不可能的事，所以在学习 Python 时需要有所侧重。经济学专业的从业人员主要是使用 Python 进行网上爬取数据、处理数据、分析数据等工作，因此，应侧重对这些领域命令的熟练掌握，而对于诸如制作网页、小游戏等方面的命令则不必浪费过多的时间。此外，必要时还需要将 Python 和其他软件，如 Stata、MATLAB 等软件配合使用，以达到最佳的使用效果。

四、简要总结

Python 是目前行业中使用最为广泛的编程软件。相对于专业软件，其应用领域更为广泛，编码也更为简单，是一款难度适中的软件。更为重要的是，Python 在数据获取、数据分析、数据处理方面具有较为强大的功能，是各经济学专业必不可少的软件之一。但是，正是由于 Python 的用途广泛，导致其在计量经济学方面的应用性较差，需要与其他计量经济学软件配合使用。

第八节　可计算一般均衡分析模型（CGE）[①]

对于一般均衡（General Equilibrium，GE）模型，在试验规模较大以及市场间联系（对要素报酬的影响）、预算限制和实际汇率特别重要时，与部分均衡模型相比，我们更偏向于使用此模型。GE 分析可以用来解释一个经济体中所有部门之间的联系，这些联系可以表现为工厂间的前向或者后向联系，也可以是家庭收入和支出的联系。一个 GE 模型具有收入/支出及资源约束，因此可以使家庭保持其预算底线，并使用于生产的主要生产要素总量不超过整个国家的要素分配。

在实际研究中，经济分析既可以是一般均衡分析，也可以是局部均衡分析。我们可以使用一般均衡分析来清楚地解释存在于各种不同经济领域之间的联系，包括家庭、企业、政府和国家。这种方法包含对这些领域的约束条件，从而使得消费不会超过收入、收入取决于生产要素获得的报酬。这些约束条件在生产要素获得的报酬和家庭消费之间建立了一个直接联系。局部均衡模型通常只关注整个经济体的某一部分，并且假设这一部分和经济体的剩余部分并没有或者只有少量的相互影响。虽然局部均衡有很多优势，但如果面对大规模的政策变动，整体经济的反响将更为重要。举例来说，关税结构的改变无处不在。在很多情况下，实行共同对外关税意味着对市场保护的减少，很可能需要通过货币贬值来重新达到外部均衡。这些情况也可能引起生产要素市场的实质变化，以及产生对要素报酬的调整需求。显然，如果这些结果来自国家层面，它们会对多边贸易协议的实施产生重要影响。由于 GE 分析考虑了市场间的相互作用，

[①] 本节内容摘自由联合国和 WTO 于 2013 年出版，由张磊、蔡会明、邵浩编译，万怡挺审校，对外经济贸易大学出版社出版的《贸易政策实用分析指南》一书。

因此它克服了这些缺陷。更特别的是，通过考虑预算约束，GE 分析可以摆脱所谓的"免费午餐（Free Lunches）"。举例来说，在保护减少的情况下，GE 模型可以评估维持外部平衡所需要的货币贬值程度。但是，在某些情况下，GE 模型的好处也可能被削弱，例如，为了使用可比较和一致的数据而产生的高级别聚集需求，以及在模型中确定所需参数和函数形式时所遇到的困难。对于 GE 模拟的目标，我们感兴趣的是确定贸易政策的改变对内生变量造成的影响。这些内生变量包括价格、生产、消费、出口、进口和福利等。GE 模拟将会展现政策发生改变或者冲击发生时经济的变化情况。内生变量值在比较基准和模拟结果之间的差别体现了政策改变的影响。因此，模型应该能够预测贸易政策的改变对贸易和保护模式产生的影响。此外，基于福利的变化，决策者可以判断国家是否由于政策的改变而得益。

必须注意的一点是，GE 政策试验只能被看作是次优的情况。原因在于，为了校准使用 SAM 数据的模型计算出的参数估计的确描述了可能在大多数经济市场上出现的刚性和市场扭曲。但是，通过假设在试验中这些刚性和市场扭曲固定不变，GE 政策试验可以得到清晰的量化数据，这与理论和分析模型正好相反。而在理论和分析模型中，结果可能取决于参数值，只能使用特定的方法来评价。当调查特定政策改革所带来的影响时，这些可以作为支持 GE 评价的重要根据。在这个领域的发展过程中，均衡的计算经常成为一个难题，因此我们经常将 GE 模拟分析称为"可计算的一般均衡（Computable General Equilibrium, CGE）"模型。可计算性已经不是一个问题，但我们仍然保留这种定义。这说明随着数据可获得性的增加，CGE 模拟的方法有无穷多种。因此本节只对这个领域做一个简单的介绍。正如在校准讨论中所清楚展现的那样，我们可以看到这种方法是用来将选择好的行为规范与数据相匹配，也就是说，流数据（这里指的是结构化的 SAM 数据）代表了均衡。简单地说，模型无法直接面向数据（即使如上所述，我们可以使用不同的模型来进行试验，有些时候被称为"闭合"规则）。因此，即使不存在正式的假设检验，运用如今的运算能力，我们也可以进行蒙特卡罗分析。另外，为政策分析建立一个 CGE 模型相当耗时。首先必须集中所有数据。即便是我们可以借用简单的功能函数，做到这一点也并非易事，而且我们还必须从一个平衡的数据开始进行分析，例如，一个平衡的社会核算矩阵。通常来说，这需要一些前期工作，而且当数据来源不同时，我们必须自己做出平衡。其次，我们必须指定模型。这里的难点在于即使是微小的错误也会导致漏损（例如，对某个模型来说，其收入和消费并不相等），从而导致模型无法求解。最后，找到错误的源头也是一件耗时的工作。

综上所述，CGE 分析的好处在于它是一个检测替代模型规范含义的严密有效的工具。但是，如果我们想要学习 CGE 模型，就不得不把手"弄脏"来自己建立模型。这就是为什么我们将使用一个简单模型来阐述所有的公式。

实施 CGE 分析并非易事，需要从头做起。肖文和沃利（1984）提到："模型设计者必须了解一般均衡理论才能够使得模型具有坚实的理论基础；他们必须能够编写程序（或者至少能够和程序员交流）；他们必须懂得所处理的政策问题；他们必须了解数据来源及关联问题；他们必须对相关文献，特别是关于弹性的文献了如指掌。"即使在今天，界面比起 20 年前要更加"用户友好"，分析结果的质量仍然取决于肖文和沃利提到的能力列表。图 5-1 提供了对某项特定政策改革运用 CGE 模型的一般步骤。

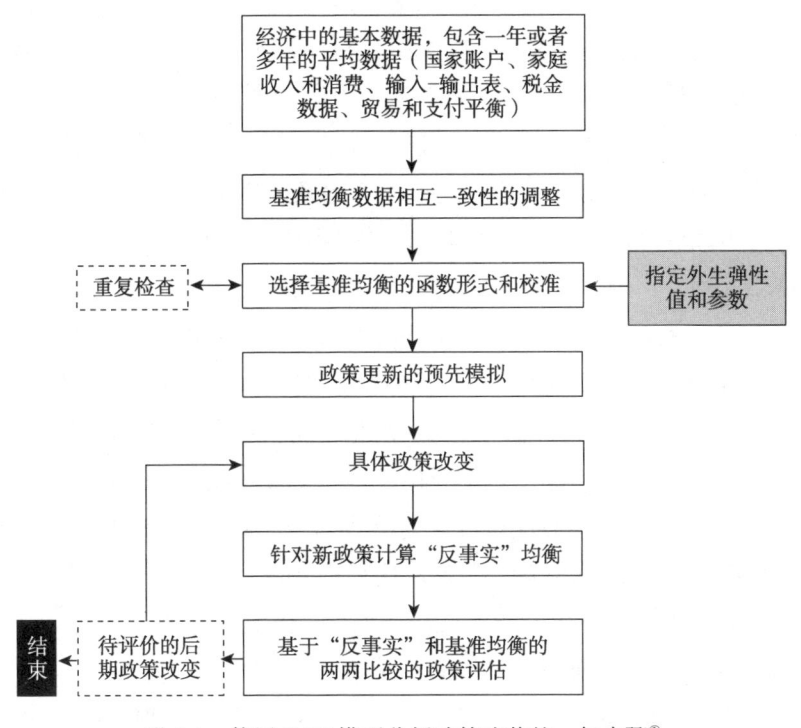

图 5-1 使用 CGE 模型分析政策改革的一般步骤[①]

---

① 摘自张磊、蔡会明、邵浩编译，万怡挺审校，对外经济贸易大学出版社出版的《贸易政策实用分析指南》一书。

第九节　局部均衡 SMART 模型

世界银行、世界贸易组织、联合国统计局和贸易与发展会议等国际机构共同开发了一个"World Integrated Trade Solutions（WITS）"模型，用于分析关税变化对贸易流、市场准入和经济效益等的影响。

"Single Market Partial Equilibrium Simulation Tool（SMART）"是整合在 WTIS 系统中的一个政策模拟分析工具。该工具运用全球局部均衡模型理论，可用于分析各国或地区由于关税变化对贸易伙伴国和世界贸易造成的影响。与已被广泛用于全球或区域贸易分析的可计算一般均衡模型（CGE）相比，SMART 模型最大的优点在于其要求的数据支撑较少，仅需要贸易流量、关税率及数个行为参数值（弹性）。SMART 模型的另一个优点是可以在对商品种类进行高度细分的前提下展开模拟，这是可计算一般均衡模型难以企及的。基于高分位商品的分析可以有效避免使用较粗的门类导致的数据归并偏差。当然，SMART 模型也体现了某些局限性。首先，这种基于局部均衡的分析忽略了不同部门，甚至贸易与生产环节之间的关联；其次，由于支撑局部均衡分析的数据相对较少，其模拟结果对一些行为参数值（弹性）可能较一般均衡分析更为敏感。SMART 模型关注的基本问题是各国向某一特定目标市场出口的商品结构和出口量。一般情形下，假定世界市场为完全竞争，各国出口供给弹性足够大。各类商品存在一个自由贸易条件下统一的世界价格，但进口国关税改变了不同来源地商品的到岸价格。SMART 模型引入阿明顿假定，假设不同来源地的同种商品产生到岸价格差异时，相互之间只存在一定程度的替代性。在阿明顿假定下，消费者的最优化选择包含两步。第一步，根据由不同来源地商品价格复合而成的价格指数决定最优商品进口量；第二步，根据来自不同国家的进口商品间的阿明顿替代弹性，确定从每个伙伴国的最优进口量。国内使用 SMART 模型的研究主要包括彭支伟和张伯伟（2012）对中日韩自由贸易区的经济效应及推进路径的研究，杨励和吴娜妹（2016）对中澳 FTA 下关税削减对乳制品的经济效应的分析，余振等（2014）对中国—俄罗斯 FTA 的贸易、关税及福利效应的分析，以及王明昊（2019）对可能的中俄蒙自由贸易区贸易效应的研究等。

第十节 本章小结

本章主要对实证经济学研究中使用的部分工具进行了介绍，包括 SPSS、Eviews、SAS、Stata、MATLAB、R、Python 等软件，以及用于一般均衡分析的可计算一般均衡模型（CGE）和局部均衡分析的 SMART 模型，并简要分析了这些软件的优劣之处。首先，上述软件各有其特点，适用环境也各有不同，如 SPSS 比较适用于统计分析；Eviews 比较适用于样本量较小的计量经济学分析；Stata 作为目前常用的计量经济学软件，成为实证经济学研究的首选；MATLAB 在绘图方面有着无可比拟的优势；R 和 Python 适用于分析复杂的问题。其次，随着大数据的兴起，在实证经济学研究中，我们往往需要同时掌握多数软件来完成研究工作。最后，在学习和使用软件用于分析具体问题的过程中，对软件的初学者而言，要牢记学习是为了使用，虽然需要比较系统地学习软件的使用方法，但在实践过程中，往往还是需要通过查询相关网站来解决所遇到的问题，而不能指望通过一次性学习就能彻底掌握软件的所有功能和命令。

思考题

1. 经济学实证中常用的软件有哪些？各有何优缺点？
2. 一般均衡分析和局部均衡分析的区别是什么？
3. 使用 CGE 模型分析一项经济政策影响的步骤是什么？
4. 使用一种软件对某一感兴趣的经济问题进行实证研究。

即测即练

参 考 文 献

[1] 安迪·尼古拉斯，理查德·皮尤. R 语言入门经典[M]. 北京：人民邮电出版社，2018.

[2] 保罗·D. 利迪，珍妮·埃利斯·奥姆罗德. 实证研究：计划与设计[M]. 10 版. 北京：机械工业出版社，2015.

[3] Borja A. 11 steps to structuring ascientific paper (that) editors will take seriously[M]. Elsevier, 2014.

[4] 布斯. 研究是一门艺术：撰写学术论文、调查报告、研究著作的权威指南[M]. 北京：新华出版社，2009.

[5] 陈强. 高级计量经济学及 Stata 应用[M]. 2 版. 北京：高等教育出版社，2014.

[6] 陈强. 机器学习及 R 应用[M]. 北京：高等教育出版社，2020.

[7] 陈灯塔. 应用经济计量学：Eviews 高级讲义[M]. 北京：北京大学出版社，2013.

[8] 克林顿·布朗利. Python 数据分析基础[M]. 陈光欣，译. 北京：人民邮电出版社，2017.

[9] 费希尔. 博士、硕士研究生毕业论文研究与写作[M].北京：经济管理出版社，2005.

[10] 付文利，刘刚. Matlab 编程指南[M]. 北京：清华大学出版社，2017.

[11] 高铁梅，王金明，刘玉红，等. 计量经济分析方法与建模——Eviews 应用及实例[M]. 4 版. 北京：清华大学出版社，2020.

[12] 格里瑟姆. 本科毕业论文写作技巧[M]. 2 版. 大连：东北财经大学出版社，2018.

[13] 郭沛，吴云霞. 中日双边贸易中的国内生产要素分解：基于 WIOD 数据库的实证分析[J]. 现代日本经济，2016（5）：38-50.

[14] 韩沈超. 服务贸易促进了服务业全球价值链重塑吗？[J]. 国际商务（对外经济贸易大学学报），2023（1）：56-71.

[15] 江艇. 因果推断经验研究中的中介效应与调节效应[J]. 中国工业经济，2022（5）：100-120.

[16] 蒋庚华. 服务中间品出口、服务最终品出口与服务业生产要素报酬差距——基于 WIOD 数据库的实证研究[J]. 东北师大学报（哲学社会科学版），2016（5）：80-89.

[17] 蒋庚华，吴云霞. 全球价值链位置对中国行业内生产要素报酬差距的影响——基于 WIOD 数据库的实证研究[J]. 财贸研究，2017，28（8）：44-52.

[18] 蒋庚华，刘菲菲. 自由贸易协定与亚太价值链关联[J]. 世界经济与政治论坛，2022（5）：116-146.

[19] 蒋庚华, 曹张帆. 数字服务贸易壁垒如何影响增加值贸易强度: 基于跨国面板数据的实证检验[J]. 南开经济研究, 2023（3）: 71-98.

[20] 杰奎琳·凯泽尔. Python 数据处理[M]. 北京: 人民邮电出版社, 2017.

[21] 乔舒亚·安格里斯特, 约恩-斯特芬·皮施克. 精通计量: 从原因到结果的探寻之旅[M]. 郎金焕, 译. 上海: 格致出版社, 2019.

[22] 乔舒亚·安格里斯特, 约恩-斯特芬·皮施克. 基本无害的计量经济学: 实证研究者指南[M]. 郎金焕, 李井奎, 译. 上海: 格致出版社, 2021.

[23] 李凯杰, 司宇, 董丹丹. 数字经济发展提升了出口贸易韧性吗?——基于跨国面板数据的经验研究[J]. 云南财经大学学报, 2024, 40（2）: 15-31.

[24] 刘慧, 綦建红. 外需冲击下多元化策略如何影响企业出口韧性[J]. 国际经贸探索, 2021, 37（12）: 4-19.

[25] 林毅夫. 论经济学方法——与林老师对话[M]. 北京: 北京大学出版社, 2005.

[26] 林桂军. 论文规范指导与研究方法[M]. 北京: 对外经济贸易大学出版社, 2000.

[27] 芒努斯·利·海特兰德. Python 基础教程[M]. 2 版. 袁国忠, 译. 北京: 人民邮电出版社, 2014.

[28] 麦克洛斯基. 经济写作[M]. 2 版. 北京: 中国人民大学出版社, 2015.

[29] 马涛. 弗里德曼"经济学假设非现实性"论题的辨析[J]. 经济学家, 2010（3）: 20-27.

[30] 毛其淋, 杨琦. 出口贸易方式转变与企业产能利用率[J]. 国际贸易问题, 2022（7）: 19-35.

[31] 毛其淋, 钟一鸣. 进口扩张如何影响企业产能利用率?——来自中国制造业企业的微观证据[J]. 世界经济文汇, 2022（3）: 1-16.

[32] 毛其淋, 钟一鸣. 集群商业信用是否影响了中国制造业企业进口——理解中国进口扩张的新视角[J]. 国际商务（对外经济贸易大学学报）, 2022（2）: 1-15.

[33] 毛其淋, 杨晓冬. 破解中国制造业产能过剩的新路径: 外资开放政策的视角[J]. 金融研究, 2022（7）: 38-56.

[34] 毛其淋, 谢汇丰. 服务业开放对我国制造业企业产能利用率的影响研究[J]. 财贸经济, 2023, 44（11）: 72-87.

[35] 毛其淋, 王玥清. ESG 的就业效应研究: 来自中国上市公司的证据[J]. 经济研究, 2023, 58（7）: 86-103.

[36] 莫提默·J. 艾德勒, 查尔斯·范多伦. 如何阅读一本书[M]. 北京: 商务印书馆, 2004.

[37] 彭支伟, 张伯伟. 中日韩自由贸易区的经济效应及推进路径——基于 SMART 的模拟分析[J]. 世界经济研究, 2012（12）: 65-71, 86.

[38] 乔万尼·赛鲁利. 社会经济政策的计量经济学评估: 理论与应用[M]. 上海: 格致出版社, 2020.

[39] 邱嘉平. 因果推断实用计量方法[M]. 上海: 上海财经大学出版社, 2020.

[40] 瑞安·米切尔. Python 网络爬虫权威指南[M]. 2 版. 北京: 人民邮电出版社, 2019.

[41] 斯科特·佩奇. 模型思维[M]. 贾拥民, 译. 杭州: 浙江人民出版社, 2019.

[42] 唐·埃思里奇. 应用经济学研究方法论[M]. 2版. 北京: 经济科学出版社, 2007.

[43] 汪海波. SAS统计分析与应用从入门到精通[M]. 2版. 北京: 人民邮电出版社, 2013.

[44] 王明昊. 中俄蒙自由贸易区贸易效应研究[D]. 长春: 东北师范大学, 2019.

[45] 温忠麟, 张雷, 侯杰泰, 等. 中介效应检验程序及其应用[J]. 心理学报, 2004 (5): 614-620.

[46] 香帅. 香帅金融学讲义[M]. 北京: 中信出版集团, 2020.

[47] 杨励, 吴娜妹. 中澳FTA下关税削减对乳制品的经济效应分析——基于SMART模型[J]. 国际经贸探索, 2016, 32 (9): 15-24.

[48] 杨继军, 刘梦, 刘依凡. 国内价值链、全球价值链的双重嵌入与中国经济韧性[J]. 南开经济研究, 2023 (7): 166-184.

[49] 余振, 陈继勇, 邱珊. 中国—俄罗斯FTA的贸易、关税及福利效应——基于WITS-SMART的模拟分析[J]. 华东经济管理, 2014, 28 (6): 63-69.

[50] 张磊, 蔡会明, 邵浩编译, 万怡挺审校. 贸易政策实用分析指南[M]. 北京: 对外经济贸易大学出版社, 2013.

[51] 张黎. 怎样写好文献综述——案例及评述[M]. 北京: 科学出版社, 2008.

[52] 张健东. 经管类本科毕业论文写作指导[M]. 北京: 中国纺织出版社, 2018.

[53] 张文彤. SPSS统计分析基础教程[M]. 3版. 北京: 高等教育出版社, 2017.

[54] 张文彤, 董伟. SPSS统计分析高级教程[M]. 3版. 北京: 高等教育出版社, 2018.

[55] 赵西亮. 基本有用的计量经济学[M]. 北京: 北京大学出版社, 2017.

附　　录

附录 A　参考文献及其著录标准、范围及示例

为方便读者更好地了解参考文献及其著录标准和范围，在附录 A 中，基于《信息与文献　参考文献著录规则》(GB/T 7714—2015)，给出了相应的参考文献及其著录标准、范围及示例。

1. 著录标准

（1）排列次序：依在正文中被首次引用的先后次序列出各条参考文献。

（2）具体要求：项目齐全，内容完整，顺序正确，标点无误。

（3）注意事项：

①只有 3 位及 3 位以内的作者，其姓名全部列上，中外作者一律姓前名后；

②共有 3 位以上的作者，只列前 3 位，其后加"，等"或"，et al."；

③外文文献中表示缩写的实心句点"."一律略去；

④原本就缺少某一项目时，可将该项连同与其对应的标点符号一起略去；

⑤页码不可省略，起止页码间用"-"相隔，不同的页码引用范围之间用"，"相隔；

⑥正文中参考文献标引一律用上标形式的方括号内数字表示，例如[3]，方括号和数字不必用粗体。

2. 著录范围（共 8 类，示例见附表 A.1）

（1）已在国内外公开出版的学术期刊上发表的论文；

（2）由国内外出版公司或出版社正式出版的学术著作（有 ISBN 号）；

（3）有 ISBN 号的会议论文集及论文集中的析出论文；

（4）博士和硕士学位论文；

（5）专利文献；

（6）国际标准、国家标准和部颁标准；

（7）报纸文章；

（8）电子文献。

其他性质的资料可以作为正文的随文脚注。

非纸张型电子文献应注明载体类型，见后述。

3. 参考文献类型及其标志

根据 GB 3469 规定，参考文献类型在文献题名后应该用方括号加以标引，以单字母方式标注以下各种参考文献类型：

参考文献类型	期刊文章	专著	论文集	学位论文	专利	标准	报纸文章	报告	资料汇编	其他文献
类型标志	J	M	C	D	P	S	N	R	G	Z

4. 电子文献类型标志

对于数据库（database）、计算机程序（computer program）及电子公告（electronic bulletin board）等电子文献类型的参考文献，以下列字母作为标志：

电子参考文献类型	数据库	计算机程序	电子公告
电子文献类型标志	DB	CP	EB

对于非纸张型载体的电子文献，当被引用为参考文献时，需在参考文献类型标志中同时标明其载体类型，采用双字母表示电子文献载体类型：

磁带（magnetic tape）——MT；磁盘（disk）——DK；光盘（CD-ROM）——CD；联机网络（online）——OL。

以下内容包括了文献载体类型的参考文献类型标示：

[电子文献类型标示/载体类型标示]，如：

[DB/OL]——联机网上数据库（database online）；

[DB/MT]——磁带数据库（database on magnetic tape）；

[M/CD]——光盘图书（monograph on CD-ROM）；

[CP/DK]——磁盘软件（computer program on disk）；

[J/OL]——网上期刊（journal serial online）；

[EB/OL]——网上电子公告（electronic bulletin board online）。

以纸张为载体的传统文献在引作参考文献时可不必注明其载体类型。

附表 A.1 八类参考文献的著录格式及示例

文献类型号	文献类型	格式示例
1	学术期刊（共著录8项）	①②③④⑤⑥⑦⑧ [序号]作者. 题名. 刊名, 出版年份, 卷号（期号）：起页-止页. [1]高景德, 王祥珩. 交流电机的多回路理论[J]. 清华大学学报, 1987, 27（1）：1-8.（完整的） [2]高景德, 王祥珩. 交流电机的多回路理论[J]. 清华大学学报, 1987（1）：1-8.（缺卷的） [3]Chen S, Billing S A, Cowan C F, et al. Practical identification of MARMAX models[J]. Int J Control, 1990, 52(6): 1327-1350.（完整的）
2	学术著作（至少著录7项）	①②③④⑤⑥⑦ [序号]作者. 书名. 版次（首版免注）. 翻译者. 出版地：出版社, 出版年. 起页-止页. [4]竺可桢. 物理学[M]. 北京：科学出版社, 1973: 1-3. [5]霍夫斯基主编. 禽病学[M]. 下册. 第7版. 胡祥壁等译. 北京：农业出版社, 1981: 7-9. [6]Aho A V, Sethi R, Ulhman J D. Compilers Principles[M]. New York: Addison Wesley, 1986: 277-308.
3	有ISBN号的论文集（共著录10项）	①②③④⑤⑥⑦⑧⑨⑩ [序号]作者. 题名. 见：（In：）主编. （, eds.）论文集名. 出版地：出版社, 出版年：起页-止页. [7]张全福, 王里青. "百家争鸣"与理工科学报编辑工作[C]. 见：郑福寿主编. 学报编论丛：第2集. 南京：河海大学出版社, 1991：1-4. [8]Dupont B. Bone marrow transplantation in severe combined inmunodeficiency[C]. In: White H J, Smith R, eds. Proc. of the 3rd Annual Meeting of Int Soc for Experimental Hematology (ISEH). Houston: ISEH, 1974: 44-46.
4	学位论文（共著录7项）	①②③④⑤⑥⑦ [序号]作者. 题名：[学位论文]. 保存地点：保存单位, 年份. [9]张竹生. 微分半动力系统的不变集[D]：[博士学位论文]. 北京：北京大学数学系, 1983. [10]余勇. 劲性混凝土柱抗震性能的试验研究[D]：[硕士学位论文]. 南京：东南大学土木工程学院, 1998.
5	专利文献（共著录7项）	①②③④⑤⑥⑦ [序号]专利申请者. 题名. 国别, 专利文献种类, 专利号. 出版日期. [11]姜锡洲. 一种温热外敷药制备方法[P]. 中国专利, 881056073. 1989-07-26.

续表

文献类型号	文献类型	格式示例
6	技术标准 （共著录8项）	①②③④⑤⑥⑦⑧ [序号]起草责任者. 标准代号. 标准顺序号—发布年. 标准名称. 出版地：出版社, 出版年. [12]全国文献工作标准化技术委员会第六分委员会. CB6447—S6文摘编写规则[S]. 北京：中国标准出版社, 1986.
7	报纸文献 （共著录6项）	①②③④⑤⑥ [序号]作者. 文献题名. 报纸名, 出版日期（版面次序）. [13]谢希德. 创新学习的新思路[N]. 人民日报, 1998-12-25（10）.
8	电子文献 （共著录6项）	①②③④⑤⑥ [序号]作者. 文献题名. 电子文献类型标示/载体类型标示. 文献网址或出处, 更新/引用日期. [14]王明亮. 标准化数据库系统工程新进展[EB/OL]. http://www.cajcd.edu.cn/pub/980810-2.html, 1998-08-16. [15]万锦坤. 中国大学学报论文文摘（1983—1993）（英文版）[DB/CD]. 北京：中国大百科全书出版社, 1996.

附录B　参与全球价值链对生产要素报酬差距的影响
——文献综述框架

一、全球价值链的测算方法

（一）国外学者如何做

1. 最开始是如何做的

2. 最新是如何做的

（二）国内学者如何做

1. 最开始是如何做的

2. 最新是如何做的

二、生产要素报酬的测算方法

（一）国外学者如何做

1. 最开始是如何做的

2. 最新是如何做的

（二）国内学者如何做

1. 最开始是如何做的

2. 现在是如何做的

三、生产要素报酬的影响因素

（一）技术差距

1. 国外学者

（1）最早

（2）最新

2. 国内学者

（1）最早

（2）最新

（二）要素禀赋差距

1. 国外学者

（1）最早

（2）最新

2. 国内学者

（1）最早

（2）最新

（三）……

四、全球价值链会影响到哪些内容

（一）劳动力需求

（二）技术外溢

（三）……

五、简要述评

（一）现有文献的可取之处

1. 理论上

2. 方法上

3. 数据上

（二）现有文献的缺点和不足

1. 使用方法上
2. 研究视角上
3. ……

(三) 本文的创新点

1. 使用方法上
2. 研究视角上
3. ……

教师服务

感谢您选用清华大学出版社的教材！为了更好地服务教学，我们为授课教师提供本书的教学辅助资源，以及本学科重点教材信息。请您扫码获取。

❱❱ 教辅获取

本书教辅资源，授课教师扫码获取

❱❱ 样书赠送

经济学类重点教材，教师扫码获取样书

清华大学出版社

E-mail: tupfuwu@163.com
电话：010-83470332 / 83470142
地址：北京市海淀区双清路学研大厦 B 座 509
网址：https://www.tup.com.cn/
传真：8610-83470107
邮编：100084